Comentarios y sugerencias:
Correo electrónico: editor@fce.com.mx

SECCIÓN DE OBRAS DE ANTROPOLOGÍA

LA CIVILIZACIÓN DE LOS ANTIGUOS MAYAS

ALBERTO RUZ LHUILLIER

LA CIVILIZACIÓN DE LOS ANTIGUOS MAYAS

FONDO DE CULTURA ECONÓMICA
MÉXICO

Primera edición (Universidad de Oriente), 1957
Segunda edición (INAH), 1963
Tercera edición (FCE), 1991
Tercera reimpresión, 2000

Carretera Picacho-Ajusco 227; 14200 México, D. F.
www.fce.com.mx

ISBN 968-16-3514-0

Impreso en México

ADVERTENCIA AL LECTOR

Los cuatro capítulos de que se compone esta pequeña obra corresponden a sendas conferencias presentadas en varias instituciones extranjeras durante los años 1954 y 1955.

Fueron originalmente publicadas por el Departamento de Extensión y Relaciones Culturales de la Universidad de Oriente, en Santiago de Cuba, en 1957. Dicha Universidad autorizó al autor para que se hiciera una segunda edición, la que ofrece ahora el Instituto Nacional de Antropología e Historia en su serie HISTORIA.

La nueva edición presenta algunas correcciones y notas, con el propósito de poner al día ciertos conceptos que datos recientes han modificado. Para mejor adaptar las ilustraciones al texto se aumentó su número: se sustituyeron algunas fotografías y se añadieron otras, así como mapas y láminas de dibujos con jeroglíficos y deidades que no tenía la edición anterior.

Se reproducen a continuación las palabras de presentación con que el Dr. Felipe Martínez Arango, entonces director del Departamento de Extensión y Relaciones Culturales de la Universidad de Oriente, inauguró la serie de conferencias en Santiago de Cuba, palabras que sirven de prefacio a la primera edición.

El autor expresa aquí su agradecimiento a la Universidad de Oriente por la autorización de reeditar esta modesta obra, y al Instituto Nacional de Antropología e Historia por incluirla entre sus publicaciones.

ALBERTO RUZ LHUILLIER

Ex Jefe de la Zona Maya del INAH. Director del Seminario de Cultura Maya de la UNAM.

PALABRAS DE PRESENTACIÓN

Un día cálido y húmedo del verano de 1952 —exactamente el 13 de junio— un grupo tenso y expectante de hombres se amontona en el fondo de una grandiosa estructura de piedra de rara belleza arquitectónica, famosa hoy en la arqueología mesoamericana con el nombre de "Templo de las Inscripciones". Edificio piramidal que se destaca contra el verde fondo de la majestuosa selva chiapaneca de México. En un claro del bosque, a manera de anfiteatro, se divisan los otros edificios, en proceso de restauración, de la maravillosa ciudad de Palenque, flor del antiguo "imperio" maya, abandonada por sus primitivos moradores hace más de un milenio.

El adjetivo empleado en nada exagera. Coincide, además, con el criterio de no pocos viajeros ilustres que han tenido el privilegio, compartido por el que les habla, de vivir por varios días en aquel extraordinario sitio arqueológico.

Pero volvamos la atención a los individuos agrupados en el final del largo pasadizo escalonado que va por dentro de la gran pirámide, previamente limpiado del relleno que lo obstruía, y posteriormente explorado, en largos meses de trabajo. El estado emocional de los hombres aquellos sube de tono. El lugar, envuelto en el polvo de los siglos, y las sombras proyectadas por la luz artificial hacen más dramática la escena. Un descendiente de los antiguos mayas, el obrero Guadalupe Pech, por orden del arqueólogo en jefe, pega el último barretazo en la tapia de piedra que parecía convertir en callejón sin salida el pasadizo aquel y las ilusiones de sucesivas temporadas de trabajo. De pronto un grito salió de todos los pechos. La barreta cuidadosamente esgrimida había pasado al otro lado dejando un hueco. El arqueólogo director se adelantó rápido, proyectó su luz y miró intensamente. Quedó estremecido, maravillado. Así vivió Alberto Ruz, nuestro ilustre conferencista de hoy —que no otro era el director de aquel trabajo—, el momento más emocionante de su carrera, al descubrir la cripta secreta o Tumba Real de Palenque. Y acaso aquel momento, en sí mismo, haya sido el mejor premio a sus largas vigilias, a su tenacidad sin desmayos.

Porque no sobra añadir algunas palabras, aun a trueque de herir un tanto la modestia de nuestro huésped. Lo primero, dejar bien aclarado que el azar tuvo sólo un poco que ver con su descubrimiento sensacional. Éste fue la culminación de un proceso bien ejecutado por un hombre de ciencia que no era un improvisado. Dotado de una inteligencia inquieta y aguda y de una fina sensibilidad. De amplia cultura y carácter tenaz. De una infatigable capacidad de trabajo. Además, conocedor profundo de su oficio.

Alberto Ruz Lhuillier, señoras y señores, es hijo de padre cubano, francés por el lado materno y mexicano por adopción y devota dedicación durante los últimos veinte años. Nacido en París, en Francia terminó sus estudios preliminares. Al regresar a Cuba se matriculó en la Universidad de La Habana, donde cursó dos años de estudios. Éstos quedaron interrumpidos al clausurarse aquel centro superior de estudios por la dictadura machadista, de triste recuerdo. Ruz, sensible a sus deberes cívicos, se enroló decidido en las luchas estudiantiles del año 30, que al final, como siempre tiene que ser, dieron al traste con la tiranía. Corrió graves riesgos y sufrió prisiones. Trasladado a la hermana República de México, allí encontró trabajo y alero. Primer arqueólogo graduado de la prestigiosa Escuela Nacional de Antropología e Historia de México, obtuvo el título en Ciencias Antropológicas, en la Universidad Autónoma de México, desde 1945. Le fue otorgada en 1945 una beca por el gobierno francés para estudios posgraduados que realizó en el Instituto de Etnología, en el Museo del Hombre y en la Escuela de Lenguas Orientales, todas de París. Ha sido profesor de Historia, de Lengua francesa y arqueólogo del Instituto Nacional de Antropología e Historia. Ha realizado intensa labor arqueológica de campo en Monte Albán y Monte Negro (estado de Oaxaca); Tula (estado de Hidalgo); Xicalango, isla del Carmen, Tixchel, Champotón, ciudad de Campeche y Edzná (estado de Campeche); Kabah y Uxmal (estado de Yucatán) y Palenque (estado de Chiapas), todos en México.

Es miembro de la Sociedad Americanista de París, de la Sociedad Mexicana de Antropología y de la Sociedad Mexicana de Geografía y Estadística, Miembro Honorario de la Sociedad Nacional Hispánica Sigma Delta Pi (Estados Unidos de Norteamérica). Ha escrito y disertado profusamente en torno a su especialidad.

Su vinculación afectiva a Cuba le decidió, jubiloso, a aceptar nuestra invitación, y así visitarla de nuevo y conocer nuestra Universidad de cerca.

Cumplimos también con estos eventos una jornada más del programa de intercambio cultural que elaboramos y diligenciamos durante nuestra reciente estancia en México, bajo los auspicios del Departamento universitario, a nuestro cargo, de Extensión y Relaciones Culturales.

Se nos antojó siempre altamente sugestivo, aun para los no especializados, el tema de estas pláticas: la civilización de los antiguos mayas. Acaso la más brillante cultura neolítica de que tengamos noticia. Los "egipcios del nuevo mundo", al decir del especialista que, hasta hoy, más exhaustivamente ha tratado el tema. Los amerindios que inventaron el cero, desarrollaron las matemáticas y la astronomía y crearon un calendario que maravilla por su perfección. Que inventaron su escritura propia y fueron grandes agricultores. Además de extraordinarios artífices. De su rango como arquitectos darán testimonio las diapositivas que ilustrarán estas conferencias.

De todo esto, entre otras cosas, nos hablará Alberto Ruz, que nos retorna de nuevo con un renombre científico bien ganado, un sitio seguro entre los cuatro o cinco más destacados conocedores de la gran civilización maya; en el pecho la cinta de la Legión de Honor Francesa y por dentro, en lo íntimo —y esto es lo más importante— la sencillez libre de petulancia que marca a los auténticos valores de la ciencia.

Y ahora, porque sé que me lo agradecerán el público que me escucha y el amigo Ruz, más que seguir diciendo de él, dejemos que él nos diga.

FELIPE MARTÍNEZ ARANGO

Santiago de Cuba, diciembre de 1955.

I. CULTURA MESOAMERICANA

HASTA hace algunos años, cuando un americanista deseaba referirse al área en donde se desarrolló antes de la llegada del hombre blanco a América una civilización avanzada en el hemisferio septentrional del continente, carecía de un término suficientemente conciso y claro para indicar tal área, debiendo emplear la denominación bastante incorrecta de "México y América Central". De allí la necesidad de acuñar un término preciso. MESOAMÉRICA, equivalente de *América Media*, comenzó a emplearse y adquirió al poco tiempo su carta de ciudadanía en el mundo antropológico. Mesoamérica no coincide con América Central, ya que gran parte del territorio que abarca es México, y no toda América Central reúne los caracteres culturales que implica el concepto de Mesoamérica.

LÍMITES DE MESOAMÉRICA

La zona de alta cultura a la que se dio el nombre de Mesoamérica quedó delimitada por Kirchhoff en la siguiente forma: al Norte los ríos Sinaloa en el Pacífico y Pánuco en el Atlántico, unidos por una línea que pasa al norte de los ríos Lerma, Tula y Moctezuma; al Sur la zona excluye Honduras, salvo su región noroeste, y excluye también la parte oriental de Nicaragua y Costa Rica, salvo una porción noroccidental del Guanacaste y la península de Nicoya.

Los pueblos con que colinda al Norte y Noreste son cazadores; sus vecinos del Noroeste, agricultores atrasados, así como también los orientales, mientras que los del Sureste (chibchas) constituyen la vanguardia de los agricultores avanzados de América del Sur.

Los territorios comprendidos dentro de los citados límites presentan un conjunto de pueblos con rasgos culturales suficientemente homogéneos para integrar una zona cultural.

CARACTERES DE LA CULTURA MESOAMERICANA

Al estudiar los rasgos culturales de Mesoamérica comparándolos con los de América del Norte y América del Sur, Kirchhoff los clasificó

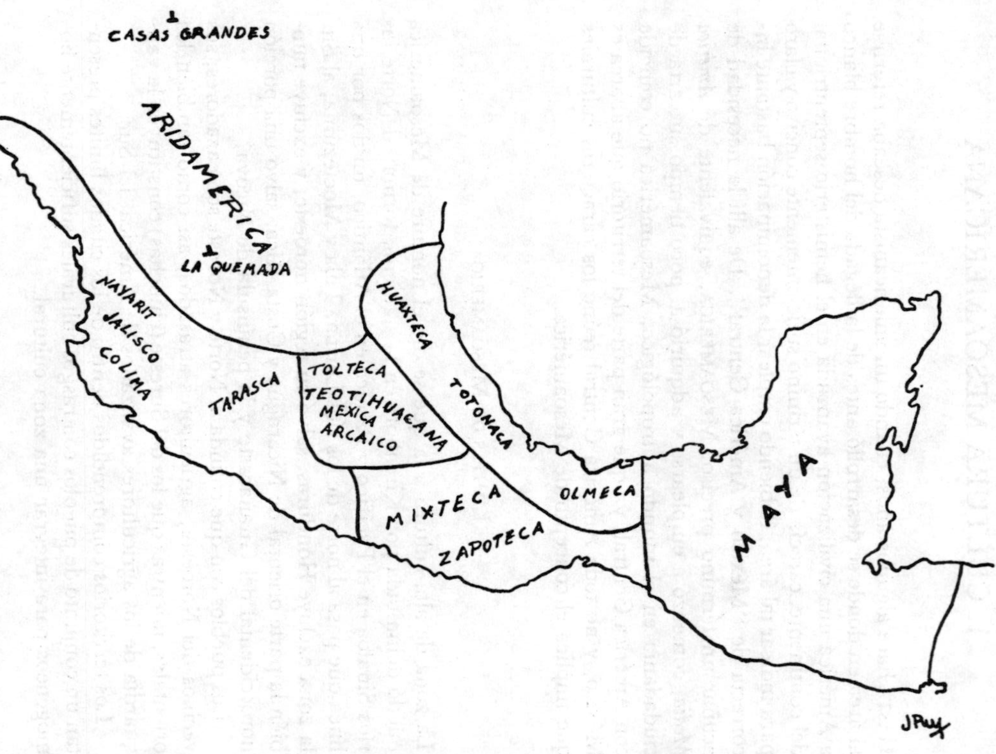

LÁM. 1. *Mapa de Mesoamérica: principales culturas (según M. Covarrubias).*

en tres grupos: primero, elementos comunes a Mesoamérica y a América del Norte y Sur; segundo, elementos comunes a Norte y Sudamérica, pero que no existen en Mesoamérica; y tercero, elementos propios de Mesoamérica o que sólo excepcionalmente se encuentran fuera de sus límites.

En el primer grupo Kirchhoff distingue cuatro subgrupos: *a*) los elementos comunes a Mesoamérica y a muchos pueblos cultivadores superiores e inferiores de Norte y Sudamérica, tales como el complejo maíz-frijol-calabaza, el cultivo de la piña y de la yuca, el riego, las construcciones de piedra y barro, algunos tipos de cerámica, la cerbatana, los sellos para imprimir dibujos sobre el cuerpo, la cerámica y los textiles, los sacrificios humanos y el canibalismo, la confesión de los pecados, los puentes colgantes y las balsas de calabaza; *b*) los elementos comunes a Mesoamérica y a cultivadores superiores de la región andina, así como a veces a los pueblos amazónicos, tales como el cultivo del chile, jitomate, zapote, ciruela, aguacate, cebar perros para comerlos, la metalurgia, los sellos cilíndricos, las picas o lanzas; *c*) los elementos comunes a Mesoamérica y a los cultivadores inferiores de Sudamérica y las Antillas, tales como el comal para cocer las tortillas, el tambor, el juego de pelota de hule que no se toca con las manos; *d*) elementos comunes a Mesoamérica y a los recolectores y cazadores de América, tales como las flechas con pluma, el baño de vapor ritual y el horno subterráneo.

Entre los elementos desconocidos en Mesoamérica pero que aparecen en algunos pueblos cultivadores de Norte y Sudamérica, figuran las instituciones matrilineales, las hachas monolíticas, las armas envenenadas, el número 12 como ritual y el endocanibalismo.

En cuanto a los elementos propia y exclusivamente mesoamericanos, los principales son los siguientes: el cultivo del cacao y maguey, la coa, las chinampas, el complejo nixtamal-tortilla, la espada con hojas de obsidiana y la camisa protectora de algodón, las pirámides escalonadas, la escritura jeroglífica, los códices y mapas, el calendario de 18 meses de 20 días, la semana ritual de 13 días, el calendario ritual de 260 días, el ciclo de 52 años, la existencia de fiestas fijas y movibles, los días fastos y nefastos, los nombres calendáricos dados a las personas, las órdenes militares "tigres" y "águilas", la guerra para hacer prisioneros destinados al sacrificio, los mercados especializados y la clase social de los comerciantes, el uso ritual del papel, hule y flores, los sacrificios sacando el corazón o quemando vivo, el uso ritual de la piel del sacrificado, el juego de pelota con anillo, la existencia de varios mundos inferiores y de un viaje con numerosas pruebas después de la muerte, el autosacrificio, los números rituales 9 y 13, las deidades de la lluvia Tláloc-Cocijo, Chaac, etcétera.

Las conclusiones que sacó Kirchhoff del estudio de la distribución de estos elementos son: *I*, que la cultura de Mesoamérica participa de una gran zona de altas culturas americanas, nacida de un fondo cultural más antiguo de pueblos no cultivadores; *II*, que los elementos comunes a Norte y Sudamérica, pero que faltan en Mesoamérica, deben haber existido en esta zona en una época más antigua; *III*, que Mesoamérica constituye una unidad cultural definida, con caracteres peculiares.

Origen de la cultura mesoamericana

Definir los caracteres de la cultura mesoamericana fue tarea relativamente fácil, pero lo difícil es explicar su posible origen. ¿Cómo, cuándo y dónde se originó? En efecto, Mesoamérica y con ella las demás altas culturas americanas, aparecen formadas ya adultas, desde sus vestigios más antiguos. En los niveles más bajos de los sitios mesoamericanos, los objetos que surgen demuestran conocimientos técnicos y con frecuencia adelantos artísticos que no corresponden a una cultura incipiente. No hablaremos aquí de los vestigios paleolíticos, ya que dejan, hasta las primeras manifestaciones de altas culturas, un lapso casi totalmente vacío de cerca de 10 a 15 milenios.

Parece que sólo dos respuestas caben a la pregunta sobre el origen de la cultura mesoamericana: *1*) que si sus antecedentes no se encuentran en el continente deben existir y buscarse en otra parte; *2*) que quedan muchos sitios inexplorados en el enorme continente americano en donde pudiéranse hallar algún día los testimonios de la génesis autóctona de dicha cultura.

La primera solución, la del origen no americano, se ha visto favorecida cada vez más en los últimos tiempos. Para no mencionar más que estudios recientes, recordaré algunos de los argumentos de Kirchhoff sobre este tema. En primer lugar, él rechaza definitivamente la idea de una importación directa de Egipto o Mesopotamia de ciertos rasgos comunes entre el Viejo y el Nuevo Mundo, pero sugiere su lento traslado desde Egipto, a través de Mesopotamia, la India, China, Siberia, el estrecho de Bering y Alaska. Se refiere sobre todo al hecho de que ciertos adelantos astronómicos y matemáticos que poseen algunas culturas americanas (los mayas principalmente) y otras del Viejo Mundo (Egipto, China) no corresponden, según él, entre los mayas a las necesidades que los motivaron entre los egipcios por ejemplo. Es decir, que si las necesidades de regular la irrigación del Nilo determinaron entre los egipcios el deseo de dividir el tiempo sobre la base de la observación sistemática de los astros, la falta de necesidades semejantes hace incomprensible que los mayas elaborasen su complicado calendario. Dice Kirchhoff que los conocimientos astronómicos y matemáticos de los mayas se encuentran en un verdadero vacío cultural, y que por lo tanto deben haber sido importados del exterior, es decir, del Viejo Mundo. Otro rasgo importado, según Kirchhoff, es la pirámide escalonada que se conoce desde Egipto hasta China, y cuya significación en Mesoamérica era como en Mesopotamia, India y China, el símbolo del universo.

Respecto de los argumentos de Kirchhoff sobre los conocimientos astronómicos y matemáticos de los mayas, creo que no es justo decir que se encuentran dentro de un vacío cultural y que nada explica su existencia, salvo la difusión desde el Viejo Mundo. Aunque los mayas no conocían la metalurgia, la rueda, el arado, los animales domésticos (salvo las abejas, perros y guajolotes), su cuadro cultural es bastante completo, y sin él no solamente no hubiesen llegado a tener su complicado calendario, sino que tampoco hubiesen construido centenares de grandes centros ceremoniales ni desarrollado la arquitectura, la cerámica, la escultura, la pintura, la escritura, en la forma que lo hicieron, ni elaborado una religión y una organización política y social como la que llegaron a tener. Precisamente por sus adelantos culturales —probablemente los mayores de la América precolombina— pudieron los mayas destacarse en astronomía y matemáticas. Por otra parte, si los egipcios inventaron la división del tiempo sobre la base de la astronomía y las matemáticas en relación con el Nilo, los mayas obedecieron a un impulso semejante ante la necesidad de regular, de acuerdo con el régimen de las lluvias, sus labores agrícolas: tala del monte, quema, siembra, desyerbas de las milpas, doblegamiento de las cañas de maíz y cosecha. Como lo dijo Kroeber, si los mayas fueron capaces de inventar el "cero" independientemente de su invento por los hindúes y varios siglos antes que éstos, lo que nadie pone en duda, ¿por qué no habrían podido elaborar el resto de su progreso (religión, arte, escritura) y tenido que importarlo del Viejo Mundo, aunque fuese parcialmente?

En cuanto a la pirámide escalonada, comprendo que el descubrimiento de la tumba real en el Templo de las Inscripciones de Palenque reforzará los argumentos de quienes creen que se originó en el Viejo Mundo, desde Egipto y Mesopotamia, pasando por la India y China. Sin contar con el factor distancia, ya que es difícil juzgar ahora las posibilidades de viajar con que contaron las civilizaciones antiguas, el factor tiempo parece oponerse a esa teoría. En efecto, si las pirámides egipcias y de Mesopotamia se construyeron unos dos mil años antes de las americanas, las del sureste asiático son posteriores en tiempo a las mesoamericanas. De haber existido difusión, habría que pensar en un recorrido de decenas de miles de kilómetros de Oeste a Este y en un retorno tardío desde América, lo que parece muy poco fundado. Además no pienso como Kirchhoff que la pirámide mesoamericana sea símbolo del universo, siendo más probable que represente el cerro, la montaña sagrada, el Olimpo, en donde viven los dioses, concepto que pudo originarse en poblaciones que vivían en llanos o mesetas, rodeadas de montañas inhóspitas por estar cubiertas de selva, o ser volcanes, pero de las que descendían arroyos y ríos, fuentes de vida y prosperidad; asimismo el cerro penetra en el cielo de donde proceden los vientos, las lluvias, las tempestades, el rayo, y en donde transitan los astros. El cerro era pues el sitio por excelencia de las fuerzas sobrenaturales, y su veneración por multitud de pueblos no es casual. La construcción de la pirámide que lo simboliza es menos universal, porque implica condiciones económicas, políticas y sociales que impiden su realización y por lo tanto su idea misma para muchos pueblos insuficientemente desarrollados.

Gordon Ekholm, R. Heine-Geldern y Miguel Covarrubias han precisado mucho más las semejanzas de rasgos entre el Nuevo Mundo y el antiguo, más concretamente entre Mesoamérica y el sureste de Asia (India, Indonesia y Camboya), siendo la zona maya y principalmente Palenque en donde más se sentiría la influencia asiática.

Nos referiremos a algunos de los elementos mencionados por Ekholm. El uso de columnas nació evidentemente entre muchos pueblos debido a su sencillez esencial que se deriva del tronco de árbol, y en cuanto a su presencia en los palacios de Yucatán durante una época tardía, es fácilmente explicable sin recurrir a la influencia asiática, puesto que la columna se usó abundantemente en México y desde el horizonte más antiguo en Oaxaca, y más tarde en Teotihuacán. La bóveda basada sobre el llamado "arco falso" también se inventó varias veces, en un intento de techar sin vigas horizontales, acercando progresivamente los muros. En esa forma se techaron tumbas prehistóricas en Portugal e Irlanda (unos 2 500 años A.C.) y en Micenas (1 500 años A.C.), posiblemente por difusión; después vinieron independientemente las bóvedas mayas, desde el siglo IV de nuestra era,* y tres o cuatro siglos más tarde las bóvedas khmers, derivadas en ambas regiones de los techos muy inclinados de las casas de madera, cuya inclinación exagerada es necesaria a causa de las lluvias tropicales. El uso de columnillas como adornos de fachada debe también derivarse, tanto entre los khmers como entre los mayas de Yucatán, de los postes de la casa de made-

* Una tumba con bóveda de este tipo, recientemente descubierta en Tikal, fue fechada por radiocarbón en 221 A.C., lo que hace aún más imposible el origen asiático de la bóveda maya.

ra que sirvió de modelo al templo de piedra. El santuario techado dentro del templo es un elemento que en Mesoamérica sólo aparece en la región de Palenque y en Tulum; su origen debe buscarse en un proceso de especialización del sitio dedicado a la deidad, y aunque representa un carácter aislado dentro de la arquitectura maya, es imposible relacionarlo con los santuarios asiáticos que son precisamente de la misma época, ya que su simultaneidad no podría explicarse por difusión en vista de las enormes distancias que los separan. El arco trilobulado de Palenque es también un hecho aislado que, como el anterior, debe atribuirse más bien a la fantasía de los constructores palencanos, a su tendencia hacia la complicación de formas, y sobre todo a su gusto por las líneas curvas. Además, sin salirse del arte palencano, encontramos la misma silueta trilobulada como marcos de cabezas humanas esculpidas en la lápida sepulcral de la tumba real descubierta en el Templo de las Inscripciones. Su contorno parece ser en realidad el de un jeroglífico utilizado con frecuencia en Palenque como motivo ornamental, el "cero", o más bien, "completamiento". De las columnas en forma de serpientes que según Ekholm son muy parecidas en Java y en Chichén-Itzá, debe aclararse que tanto en el relieve de Borobudur, cuya fotografía presenta, como en el pequeño y antiguo templo de Tjandi Kalasan al que hace referencia, no se trata de columnas ni tampoco de serpientes. En ambos casos existe encima de una puerta una monstruosa cabeza de "kala" de la que cuelgan molduras y guirnaldas que enmarcan la puerta y que rematan abajo en cabezas de "makara", animal fantástico y tradicional en la arquitectura indojavanesa, que es a la vez elefante y pez; es el mismo motivo que remata las alfardas en el relieve de Borobudur. Aunque a primera vista estos motivos recuerdan a los de Chichén-Itzá, si se examina en detalle dentro del conjunto de la decoración no queda más que una vaga semejanza formal.*

El motivo de la cruz o del árbol sagrado no ocurre sólo en Palenque, como dice Ekholm; aparece también en el códice maya de Dresde y en el códice mexicano Fejervary-Mayer. En este último documento hay un árbol estilizado en forma de cruz para cada punto cardinal, y el conjunto de la figura está inscrita en una cruz de Malta. La semejanza entre la Cruz Foliada de Palenque y una figura moderna de Java no puede tener ninguna significación de influencia asiática en Mesoamérica, ni tampoco un panel esculpido en Angkor.

* Cuando el Dr. Heine-Geldern visitó Chichén-Itzá en compañía del autor, al ver estos elementos en el Castillo descartó toda idea de semejanza con los motivos asiáticos referidos.

ya que además de no ofrecer éste un verdadero parecido, corresponde a una época cuatro siglos más tardía que la Cruz de Palenque.

El uso de tronos en forma de tigre, y de tigre o león sentado, no debe extrañar en civilizaciones que conocieron tales animales, y de hecho éstas no se reducen a Mesoamérica y Asia. Lo mismo podemos decir del culto fálico, más o menos universal, o de las figuras de atlantes. La posibilidad de que el "chac-mool" fuese de origen asiático, por ser abundante la figura de un hombre recostado en el arte búdico y no tener antecedentes en el arte clásico mesoamericano, no puede sostenerse, ya que sí existen figuras recostadas en el Clásico maya mucho más parecidas al "chac-mool" tolteca que la figura del nacimiento de Buda que presenta Ekholm. En la lápida sepulcral de la cripta del Templo de las Inscripciones, el personaje central está recostado, y en varias inscripciones palencanas, incluso en el Tablero del Palacio que descubrimos en 1949, hay un glifo con un pequeño ser en parecida actitud. La representación de una divinidad cayendo tiene mayor distribución en México que la que menciona Ekholm; la comparación con un motivo parecido en un manuscrito de Bali, aunque sugestiva, no aporta ningún dato de peso a la tesis de posibles influencias asiáticas en América, puesto que se trata de un manuscrito moderno.

La sugerencia de Ekholm respecto de un posible origen asiático de la deidad serpiente Quetzalcóatl-Kukulcán, parece muy poco fundada. Aunque este elemento adquiere en México su mayor difusión en una época tardía, sus antecedentes —culto de la serpiente y serpiente emplumada— existen en la época clásica mesoamericana (maya y teotihuacana). La divinización de la serpiente es fácil de comprender en regiones en donde abunda este animal; el temor que impone por lo mortal de su veneno y a pesar de su frágil aspecto, lo silencioso y rápido de sus movimientos, todo en la serpiente sugiere un poder sobrenatural para pueblos de mentalidad mágica.

Se ha dado una gran importancia a la utilización del loto en Palenque, como punto de comparación con Asia. El loto, con su tallo largo y flexible, sus grandes hojas y sus flores solitarias de hermoso aspecto, tenía que prestarse a maravilla como motivo decorativo, y así ocurrió en Egipto, en la India, en Palenque y en Chichén-Itzá. Si entre las innumerables representaciones del loto en el arte búdico hay algunas que recuerdan las escasísimas representaciones mayas, realmente esto no pasa de ser normal, y si el loto aparece asociado a peces o monstruos acuáticos, tampoco debe sorprender dado el carácter acuático de la planta.

No insistiré sobre otros argumentos de Ekholm que también podrían rebatirse. En un pequeño ensayo sobre arte maya, traté de explicar hace varios años el aparente parentesco estilístico que se observa entre los bajorrelieves khmers y palencanos, entre la bóveda que llamamos maya y la de las construcciones de la India e Indochina, entre la decoración de una fachada de estilo "Chenes" de Yucatán y el adorno monstruoso del "kala" de Java, entre la máscara del dios de la lluvia de los mayas y el motivo chino del "t'ao-t'ie". Decía entonces textualmente:

> Debajo del parecido de las formas, oculto entre la semejanza de los ritmos, en medio de la afinidad de los símbolos, y pese a infranqueables barreras en el espacio y el tiempo, un lazo de sangre y espíritu encadena las mejores realizaciones del arte americano y del arte oriental. El arte oriental es ante todo subjetivo, idealista en su esencia aunque en sus manifestaciones guste de realismo, inundado de simbolismo y obsesionado por expresar conceptos. Producto del ambiente fascinador de los trópicos en que el hombre sueña o tiembla, enervado por el calor o sacudido por las fiebres, aterrado por fuerzas sobrenaturales que se desencadenan en tormentas, inundaciones o terremotos, sobresaltado por la vecindad de fieras y la oculta amenaza de reptiles e insectos de ponzoña mortal, hechizado por la luz deslumbrante de los desiertos y sabanas o por la penumbra misteriosa de la selva, el arte oriental refleja la inquietante confusión, la exuberancia sensual del marco natural a la par que sus efectos en el espíritu del hombre, el temor a los poderes invisibles y omnipotentes que se mueven a su alrededor, la entrega desesperada de su voluntad al capricho de los dioses.

Es evidente que lo que antecede podría también aplicarse al arte mesoamericano, el que por su naturaleza puede considerarse como pariente espiritual del arte asiático. Y sobre este parentesco, yo concluía entonces: "... parentesco que nació probablemente de la adaptación de hombres étnicamente afines a medios geográficos semejantes, que se desarrolló en un paralelismo a la vez biológico, psicológico y ecológico, y que a través de la compleja elaboración de las estructuras sociales floreció en creaciones llenas de sorprendentes analogías".

Entre el Viejo Mundo y América existen centenares de elementos culturales comunes que comprenden: armas, herramientas de cultivo o útiles de pesca, motivos decorativos, adornos, instrumentos musicales, medios de transporte, tipos de habitación, vestidos, formas de entierros, industrias, juegos, comidas, bebidas, elementos arquitectónicos, muebles, obras de defensa, formas de organización política, mitos, creencias, cultos, costumbres, conocimientos científicos o técnicos, etc. De su estudio particular puede comprobarse que generalmente se trata de fenómenos paralelos que, según Kroeber, "en realidad sólo surgen del mismo impulso, participan de las propiedades de los objetos o de la naturaleza, sólo se parecen hasta cierto punto y difieren del todo en otros sentidos". En los parecidos mentales se trata muchas veces del paralelismo primario que también define Kroeber como "ciertas tendencias inherentes a la mente humana en ciertas direcciones". Como traté de exponer al referirme a los argumentos de Ekholm, detrás de una semejanza superficial no encontramos una verdadera identidad en los elementos comparados.

Como conclusión sobre este problema del origen de la cultura mesoamericana, pensamos que ésta debe considerarse como autóctona. Los primeros pobladores de América, pueblos mongoloides que penetraron por el Estrecho de Bering hace 15 o 20 000 años, eran de cultura paleolítica y sólo pudieron traer a América elementos como: artefactos de piedra tallada, hueso y madera, arpón, lanza, propulsor de dardo, métodos para hacer fuego, domesticación del perro. Más tarde, pero probablemente en una fase todavía preagrícola, otros inmigrantes trajeron el arco y la flecha y algunos otros conocimientos. Las influencias procedentes de Melanesia y Polinesia deben haber sido sólo accidentales y de escasa trascendencia. Las influencias asiáticas tardías que algunos sostienen sin sólidos fundamentos se refieren a elementos de poca importancia —arquitectónicos y ornamentales— y resultaría incomprensible que nuevos inmigrantes hubiesen traído en una época de gran desarrollo cultural cierta manera de representar la flor de loto, pero sin introducir el arado, la rueda, el carruaje, el torno del alfarero, el arco arquitectónico verdadero, la técnica de la cerámica vidriada, la metalurgia y la religión de Buda.

Nuestra respuesta a la pregunta que hacíamos al principio de este ensayo sobre el origen de la cultura mesoamericana es por lo tanto: que quedan muchos sitios inexplorados en el enorme continente americano en donde algún día podrán hallarse datos que aclaren tal origen.

Origen del maíz

Como se sabe, la cultura mesoamericana, como las demás altas culturas americanas, está basada sobre el cultivo del maíz. Por eso el problema del origen del maíz está íntimamente ligado al del origen de las altas culturas americanas. Desgraciadamente en el estado actual de los conocimientos, tanto botánicos como arqueológicos, resulta imposible fijar la probable cuna del maíz. Ciertos genéticos opinan que se originó en América del Sur, otros se inclinan por las tierras altas de Guatemala. Los primeros consideran como factor de mayor importancia el mayor número de variedades del maíz que presentan las tierras altas del Perú. Los segundos consideran como factor decisivo la presencia de parientes más próximos a la planta, lo que ocurre en Guatemala con el "teocinte" y el "tripsacum". Los partidarios del origen peruano piensan que el maíz se derivó de una gramínea silvestre ligeramente parecida al *pop corn* pero sin marzorcas, la que todavía no se descubre. Los partidarios del origen guatemalteco atribuyen al cruzamiento del teocinte con otra gramínea silvestre el nacimiento del maíz.

El descubrimiento en Bat Cave, Nuevo México, de una cueva que contenía un depósito de maíz estratificado, en capas que según Mangelsdorf y Smith cubren un lapso de cuando menos 3 000 años, y cuyo límite superior estaba sellado por cerámica fechada alrededor de 500 años d.C., tal descubrimiento ha aclarado un poco el problema del origen del maíz. Del estudio de las mazorcas pudo deducirse una verdadera evolución morfológica y la prueba de que el maíz no se originó del teocinte, puesto que éste aparece asociado a niveles superiores, faltando en los inferiores. Del mismo estudio se desprende que el otro posible antecesor del maíz, el tripsacum, surge después de las formas más antiguas del maíz. Por supuesto que aunque el maíz de Bat Cave es hasta ahora la forma más antigua descubierta, no se piensa que la región semiárida de Nuevo México haya sido su cuna. Mangelsdorf concluye que el maíz debe haberse originado de una planta silvestre en tierras bajas de Sudamérica.

Ahora bien, si el descubrimiento de Bat Cave y el hallazgo de mazorcas de maíz en tumbas muy antiguas del Perú demuestran que este cereal se cultivaba desde los Andes hasta Nuevo México dos o tres milenios antes de nuestra Era, no nos orienta en lo absoluto sobre el origen de las altas culturas. Es probable que el cultivo del maíz haya surgido mucho tiempo antes que esas grandes culturas.

Otro descubrimiento de importancia, el de Huaca Prieta en la costa del Perú, revela una cultura agrícola muy primitiva que no conocía todavía la cerámica y que no estaba basada sobre el cultivo del maíz sino sobre el de otras plantas, como el frijol y la calabaza.

Tales hechos nos conducen a la conclusión de que, si bien las grandes culturas tuvieron como base el cultivo del maíz, fueron precedidas por otras culturas agrícolas anteriores a éste, las que en una fase de su desarrollo y en el curso de sus experiencias como agricultores inventaron su cultivo. Por supuesto que ese proceso debe haber durado varios milenios, lo que reduciría sensiblemente el enorme vacío entre el período de vida cazadora y recolectora y el inicio de la civilización propiamente dicha. Es de suponerse que nuevos descubrimientos irán poco a poco rellenando ese vacío o cuando menos marcando las principales etapas de la evolución de la cultura americana, como producto autóctono del continente.*

Cronología

La solución de los problemas planteados por los hallazgos arqueológicos depende en gran parte de la posibilidad de fecharlos, en forma relativa —por comparación con otros elementos— o en forma absoluta de tiempo. Muchos procedimientos se han utilizado para intentarlo: la palinología, basada sobre el análisis del polen; la dendrocronología, basada sobre el estudio de los anillos de los árboles; la estratigrafía de la cerámica; la secuencia estilística. La dendrocronología ha suministrado datos muy precisos para fechar los restos arqueológicos del sur de los Estados Unidos, en los que la madera se conserva gracias al clima seco. Pero en el centro y sobre todo en el sur de México, aparte de que es mucho más raro encontrar madera arqueológica, se ha comprobado que el crecimiento de los anillos de los árboles no tiene la regularidad que permitió utilizarlos con fines cronológicos en los Estados Unidos y norte de México. En efecto, en las regiones de excesiva precipitación pluvial, el árbol no elabora un anillo por año sino varios, cuyo número depende de la mayor frecuencia y volumen de la lluvia.

La existencia de documentos prehispánicos fechados según su propia cronología ha permitido un intento de correlación con nuestro cómputo del tiempo. Es así como Caso ha podido establecer por el estudio de los códices mixtecas una genealogía de las dinastías mixtecas que abarca desde el siglo VIII hasta la Conquista española, la que a su vez será de cierta utilidad para fechar los vestigios arqueológicos susceptibles de asociarse al contenido de los códices.

El mayor intento de correlación es indudablemente el que se basa sobre la cronología maya. Como se sabe, las inscripciones mayas registran fechas con suma precisión dentro de su propio sistema de medir el tiempo. Esto ocurre sobre todo en las inscripciones del período clásico ya que más tarde utilizaron fechas abreviadas que no siempre pueden interpretarse en términos de tiempo absoluto. La correlación entre los calendarios maya y cristiano parte de los datos que suministran fuentes históricas, entre las cuales la *Relación de las cosas de Yuca-*

* Los recientes descubrimientos de MacNeish en la Cueva de Coxcatlán, Puebla —1961—, de útiles líticos asociados con maíz silvestre o en las primeras fases de domesticación, y calabaza, revelan un horizonte mesoamericano de agricultura incipiente desde unos 4 000 años a.C., según análisis de carbón 14.

tán, al informar que un acontecimiento de la época de la Conquista, perfectamente definido en el calendario cristiano, ocurrió en cierta fecha maya. Desgraciadamente las fechas mayas no se registraban entonces con la precisión de las épocas anteriores y existe la posibilidad de una diferencia de 260 años en la interpretación, lo que ha motivado varias hipotéticas correlaciones. Se ha tratado de encontrar apoyo en la astronomía, ya que muchas de las fechas mayas se relacionan con probables acontecimientos celestes, pero son tantos los hechos que suceden casi a diario en el cielo, que cada teoría encontró supuestas "pruebas" en su ayuda.

La esperanza de los arqueólogos descansa ahora sobre el sistema conocido como del "radiocarbón" o "carbón 14", basado como se sabe sobre la radiactividad natural de los restos orgánicos carbonizados y la posibilidad técnica de medir tal radiactividad con más o menos exactitud, sabiéndose que disminuye gradualmente hasta desaparecer por completo en un tiempo que ha sido fijado por la experiencia. Las pruebas realizadas hasta la fecha son en la mayoría de los casos convincentes. En sitios fechados con seguridad por inscripciones descifradas, como en Egipto, las fechas dadas por el "carbón 14" coinciden, salvo una.

En lo que toca a Mesoamérica puede decirse que el sistema parece válido en términos generales pero que todavía no puede juzgarse su exactitud. En efecto, las pruebas que se hicieron con material de Teotihuacán dieron resultados negativos, ya que las fechas del "carbón 14" no coincidieron con la estratigrafía conocida del sitio, resultando por ejemplo la pirámide del Sol, que es equivalente a Teotihuacán I o II, más reciente que la Ciudadela que corresponde a Teotihuacán III. Sin embargo, las pruebas verificadas con material de otros sitios y que abarcan desde los horizontes más antiguos hasta el apogeo del período clásico, suministran fechas que concuerdan bastante bien con la secuencia cerámica y con la cronología relativa de las diferentes fases culturales.

Para los horizontes más antiguos y que son de mayor duración, las fechas del "carbón 14" no provocaron ninguna dificultad, pero para el período clásico el ajuste no es tan fácil. En efecto, sobre la base del análisis de un dintel de Tikal, tal período resultaría ahora tres siglos más antiguo que lo que se suponía, lo que determinaría grandes dificultades en acomodar las fases subsiguientes, de las que las últimas manifestaciones caen dentro del terreno histórico cuya cronología es conocida y de carácter absoluto. Más particularmente ese lapso de tres siglos pone en duda la correlación maya-cristiana actualmente aceptada (la de Goodman, Martínez-Hernández, Thompson), y vuelve a dar actualidad a la de Spinden que había sido descartada desde hace varios lustros.* Antes de aceptarse como precisas las fechas del "carbón 14" para el período clásico, será necesario esperar mayor número de pruebas y mayor exactitud de éstas. En efecto, existe en todas las fechas del "carbón 14" un reconocido margen de error que oscila entre 250 y 500 años, lo que no implica ningún problema serio para los períodos que se miden por milenios, pero cuya magnitud es excesiva para períodos cuya duración equivale sensiblemente a dicho margen de error.

Meso y Sudamérica

Otro de los grandes problemas que suscita el estudio de las culturas avanzadas americanas es el de las posibles conexiones entre los dos grandes núcleos de dichas culturas: Mesoamérica y Sudamérica, considerándose en esta última más bien la región andina.

Durante mucho tiempo, y a veces por un nacionalismo infantil, se ha negado sin más investigación toda posibilidad de un contacto cultural entre ambas partes de América. Luego, durante mucho tiempo también, la arqueología sudamericana parecía ahogada en numerosas secuencias locales imposibles de conciliar entre sí. Sin embargo, en los últimos años, los conocimientos acumulados por numerosos investigadores han sido por fin organizados de manera a integrar una secuencia global.

Se ha podido determinar así una evolución bastante paralela entre Mesoamérica y Sudamérica, desde un período de formación correspondiente a los comienzos de la agricultura hasta un período de gran desarrollo y expansión imperialista que marca tanto el último período Inca como el Azteca. Las pruebas del "carbón 14" permitieron, por otra parte, comparar con más precisión las cronologías de ambas regiones, aunque no con suficiente exactitud como para asegurar cuál de ambas áreas precedió a la otra y pudo ser la cuna de la alta civilización americana.

En esta forma se comprobó la existencia de una fase ya agrícola pero sin maíz ni cerámica en Huaca Prieta y Guañape (Perú) fechada entre 2 000 y 1 000 a.C., es decir, más o menos semejante en tiempo a la cultura encontrada por MacNeish en cuevas de Tamaulipas, aunque ya con maíz. Luego aparece la cerámica junto con el maíz en la fase Cupisnique de Chavín, entre 900 y 500 a.C., quizá un poco des-

* Nuevos análisis de radiocarbón de dinteles y vigas de Tikal se verificaron recientemente (Universidad de Pennsylvania, 1959), con resultados que justifican más firmemente la correlación "B" de Goodman, Martínez-Hernández, Thompson.

pués que el "arcaico inferior" mexicano. Sigue un período de formación representado en el Perú por la cerámica Salinar y Gallinazo, de 500 a 300 a.c., más o menos, es decir, contemporáneo del "arcaico superior" de México. Una fase intermedia representada por Mochica I y Necrópolis de Paracas, nos conduciría a la era cristiana en concordancia con el protoclásico mesoamericano. El período clásico temprano de la región andina abarcaría las fases Mochica y Nazca, desde la Era hasta el siglo IV d.c., paralelamente a la primera parte del clásico mesoamericano, mientras que Tiahuanaco cubriría los siguientes seis siglos, cuando el clásico mesoamericano por su lado alcanzaba su apogeo. Aunque para las épocas más recientes carecemos de pruebas del "carbón 14", los datos arqueológicos y las fuentes históricas nos suministran suficiente información para que podamos prolongar el paralelismo hasta la Conquista española, teniendo por un lado las culturas peruanas del período "imperial" (Chimú e Inca) y por el lado mesoamericano las culturas tolteca y azteca.

Este curioso paralelismo cultural entre Meso y Sudamérica, con fases de desarrollo bastante semejantes en sus rasgos fundamentales y contemporáneas entre sí, plantea el problema de si es debido a intercambios continuos o si se trata más bien de un proceso evolutivo independiente.

Hasta la fecha no se ha emprendido un estudio global de los materiales meso y sudamericanos con fines comparativos, y sólo algunos investigadores se han esforzado en no perder de vista la posibilidad de contactos entre ambas áreas (entre los cuales podemos nombrar a Kidder, Kroeber, Steward, Strong, Armillas).

Entre los trabajos más recientes recordaré uno de Raúl d'Harcourt, quien hizo resaltar la presencia de dos elementos simbólicos de enorme difusión en América: primero la greca escalonada desconocida en el Viejo Mundo y que aparece desde los indios pueblo hasta los diaguitas del norte de Chile y Argentina, sin solución de continuidad, como motivo fundamental de la decoración en tejidos, cestería, cerámica, pintura y escultura; segundo, una figura animal (felino, lagarto, serpiente, ave, pero de preferencia felino), con una voluta nasal, la que se conoce desde los zapotecas y mayas hasta el norte de Argentina. Otro interesante intento sobre el mismo tema de los contactos entre Meso y Sudamérica es el de Muriel Porter, quien al estudiar el material del importante centro preclásico mexicano de Tlatilco encontró notables semejanzas con Playa de los Muertos (Honduras) y las culturas andinas. Los paralelos citados por Muriel Porter abarcan la práctica de la deformación craneana y diferentes aspectos de la cerámica, tales como formas, técnicas decorativas, motivos y la presencia de silbatos y sellos de barro.

En la sección "Caracteres de la cultura mesoamericana" hemos recordado muchos de los rasgos culturales comunes a Meso y Sudamérica. Existen otros también muy numerosos que sólo se conocen en una de estas áreas. Es muy posible que, como lo dijo Nordenskiold, la base cultural común se deba a las primeras migraciones, pero que los paralelismos subsiguientes representen sólo la difusión de ideas. El contacto cultural era obviamente posible, puesto que ningún obstáculo geográfico decisivo separa ambas partes; podemos decir también que tal contacto es además probable, según lo sugieren los numerosos rasgos básicos comunes; sin embargo, debe reconocerse que hasta la fecha tal contacto no ha sido definitivamente probado. Es de esperarse que en un futuro no lejano se concrete la atención de los especialistas en esa meta tan trascendental para la comprensión del origen y del desarrollo de las altas culturas americanas. Sin pretender ser profeta, creemos que cada nuevo descubrimiento tenderá a demostrar la unidad histórica de Meso y Sudamérica.*

Horizontes culturales mesoamericanos

De los pueblos cazadores y recolectores del lejano paleolítico, conocemos los artefactos de piedra tallada, algunos de ellos asociados con fauna extinta (Tepexpan, Santa Isabel Iztapan) fechables entre 10 y 15 000 años a.C., y el Complejo Chalco, más joven en 6 a 10 milenios. La "Cultura de la Perra" de Tamaulipas representaría una fase intermedia entre la cazadora-recolectora y la propiamente agrícola, con industria lítica, cultivo de maíz, pero sin cerámica, hacia el tercer milenio antes de Cristo.

De los tres milenios que pueden atribuirse a la cultura mesoamericana ya diferenciada, con los caracteres que la definen, distinguiremos tres etapas u horizontes esenciales.

Período I o Preclásico (1500 a.C.-300 d.C.)

Está representado por el antes llamado "Arcaico" del centro de México, la cultura de La Venta en la costa atlántica, Monte Albán I en la región zapoteca, y por la fase formativa de la región maya. El desarrollo del cultivo del maíz fue su principal característica y por consi-

* En los últimos años —1960-1961— se han precisado semejanzas entre elementos culturales de las costas de Ecuador y Guatemala que revelan contactos desde las fases más antiguas del período preclásico (La Victoria, Guatemala), hasta cuando menos el clásico tardío.

guiente la población era sedentaria. Las diferentes áreas elaboraron técnicas, formas y estilos de decoración afines en la cerámica. Se construyeron plataformas y escasas pirámides que sostendrían construcciones de madera. Se adoraban pocas deidades, rindiéndose culto a la fertilidad, según se desprende de las numerosas figurillas femeninas. El calendario ritual de 260 días fue entonces creado.

Período II o Clásico (300 a 900 d.C.)

Correspondería al gran desarrollo de las civilizaciones mesoamericanas y está representado principalmente por las fases Teotihuacán II y III, Monte Albán III, Maya clásico. La agricultura, esencialmente del maíz, alcanzó su punto máximo; la población creció en forma notable, estableciéndose en numerosos núcleos provistos de centros ceremoniales; se construyeron grandes pirámides, templos, juegos de pelota, palacios para residencia de sacerdotes y celebración de ceremonias rituales, caminos de piedra; la religión se volvió compleja y disponía de una clase que reunía a la vez el poder espiritual y temporal; se perfeccionó la astronomía y las matemáticas, elaborándose un calendario solar que alcanzó su más complicada expresión entre los mayas; el arte escultórico y pictórico era de una gran riqueza de estilos y logró una calidad que lo pone al nivel del arte de las grandes civilizaciones antiguas del Viejo Mundo; las clases sociales estaban muy diferenciadas y el poder político se ejercía a través de complicada jerarquía. Aunque cada una de las civilizaciones mesoamericanas elaboró sus propios conceptos y sus propios estilos, en una independencia política quizá absoluta, existían contactos entre una y otra por medio de un extenso comercio y del intercambio de conocimientos e ideas.

Hacia el siglo X, bruscamente se desintegraron estas civilizaciones. El colapso debe haber sido causado en parte por razones internas y en parte por razones externas. Las primeras serían consecuencia de un desequilibrio entre el limitado desarrollo de la técnica agrícola y el crecimiento de la población, desequilibrio que habría llegado entonces a un punto crítico provocando posiblemente la escasez de alimentos, una mayor opresión de las clases productoras con el consiguiente descontento y probables rebeliones campesinas. Los factores externos serían consecuencias indirectas de la llegada, desde las llanuras septentrionales, de tribus bárbaras, cazadores-recolectores, que en el centro de México destruyeron Teotihuacán y empujaron las poblaciones hacia el Sureste, motivando un verdadero oleaje étnico y una reacción en cadena que trastornó la existencia entonces relativamente pacífica de las principales civilizaciones.

Período III o Posclásico (900 d.c. hasta la Conquista española)

Se caracterizó por el florecimiento de un número mayor de civilizaciones que nacieron de la desintegración de los grandes centros clásicos y de la asimilación de su cultura por pueblos nuevos apenas salidos de la barbarie, así como de una serie de contactos e interpenetraciones motivados por los movimientos étnicos. Es probable que fuese precedido por una fase transicional en que fueron extinguiéndose los grandes núcleos clásicos paralelamente al proceso de aculturación de los nuevos grupos.

En grandes líneas podemos decir que este período, que terminó con la Conquista española, comprendía las culturas tolteca y posteriormente mixteca, cholulteca, huaxteca, totonaca y azteca, así como la maya-tolteca en Yucatán. Durante este período el predominio político pasó de la teocracia a la casta militar, aunque ésta seguía íntimamente ligada al poder espiritual. Aparecieron las ciudades fortificadas y las órdenes militares; los sacrificios humanos se intensificaron y culminaron entre los aztecas en una verdadera institución, de la que la "guerra florida" fue el mejor exponente; las clases sociales llegaron a un grado extremo de diferenciación; la religión se volvió aún más compleja que antes y sus divinidades más ávidas de sangre; los metales aparecieron aunque casi exclusivamente como adornos; el arte progresó y se diversificó, pero tendiendo al hieratismo.

Principales culturas locales de Mesoamérica

Hasta este momento nos hemos referido a Mesoamérica como a una unidad cultural, distinguiendo sólo sus fases evolutivas, es decir, estudiándola en sentido vertical. Para terminar nuestra exposición, debemos en breves palabras enfocarla horizontalmente, recordando las principales culturas locales que la integran.

Culturas del norte de México

Con excepción de Sinaloa, parte de San Luis Potosí, y algunos sitios de los estados de Querétaro (Toluquilla, Ranas, El Pueblito) y Guanajuato (La Gloria, Las Ánimas), el norte de México queda fuera de los límites de Mesoamérica. Sin embargo, dentro del área ocupada en tiempos prehispánicos por tribus cazadoras y recolectoras semibárbaras —área que a veces se denomina Aridamérica—, existían algunos islotes de poblaciones sedentarias de cultura avanzada y grandes centros ceremoniales (La Quemada, Chalchihuites) que debieron formar parte de Mesoamérica en una época de expansión de su cultura. Más al Norte aún había ciudades con grandes casas de habitación hechas de adobe (Casas Grandes) semejantes a las de los llamados indios pueblo del sur de los Estados Unidos, y casas construidas en acantilados idénticas a los *cliff dwellings* también de los Estados Unidos, tipos de edificaciones que se justificaban, ya que estas poblaciones agrícolas estaban rodeadas por los belicosos pueblos nómadas de cazadores, que las hostilizaron hasta mucho tiempo después de la Conquista española.

Culturas de Occidente

En esta denominación tan vaga se comprenden las culturas de la costa del Pacífico (Colima, Jalisco y Nayarit), poco menos que desconocidas salvo por innumerables figuras de barro procedentes del saqueo de las tumbas y exponentes de un arte realista y primitivo lleno de vigor y originalidad; y la cultura llamada "tarasca" del estado de Michoacán, que ofrece notables semejanzas con el "arcaico" del valle de México, por lo que ha recibido el nombre de "arcaico evolucionado".

Culturas del centro de México

Éstas deben considerarse en forma de secuencia cronológica ya que sobre un territorio no muy extenso encontramos todos los períodos de la cultura mesoamericana. El horizonte prehistórico está representado principalmente por los hallazgos de Tepexpan y de Santa Isabel Iztapan en que se descubrieron mamuts en asociación con industria lítica, para no citar más que los sitios recientemente descubiertos. El "arcaico" se conoce por numerosos asientos de población diseminados alrededor de los lagos del valle de México, por el cementerio de Copilco cubierto por la lava del volcán Xitle, y por el edificio circular de Cuicuilco, cuya base fue también cubierta por la misma erupción. Inmediatamente después de este período surgió la imponente ciudad sagrada de Teotihuacán, que debe haber sido la mayor y la más rica del centro de México durante varios siglos, y cuyas influencias llegaron a culturas lejanas como la maya. La secuencia de culturas en el centro de México puede explicarse en gran parte por la llegada sucesiva de olas migratorias procedentes de las llanuras norteñas, olas de pueblos más o menos bárbaros que destruían los centros culturales para luego fundirse con la población, asimilar los restos de su cultura y elaborar una nueva, naturalmente enraizada en aquélla. A los pocos siglos el mismo fenómeno se repetía con la llegada de nuevos invasores. Teotihuacán conoció este sino, y es posible que sus destructores fueran los mismos que, habiendo llegado como hordas "chichimecas" (sinónimo de bárbaros), lograron crear más tarde la cultura tolteca de Tula, convirtiéndose la palabra "tolteca" en sinónimo de culto. Como su antecesora de Teotihuacán, la cultura tolteca influyó sobre numerosos pueblos hasta Yucatán y América Central. Tula fue destruida siglos más tarde por nuevas migraciones chichimecas que fundaron después otro centro importante cerca de la actual capital mexicana, Tenayuca, y otros sitios del valle de México y Morelos, asientos de las culturas tlahuica y matlatzinca. Finalmente, se estableció en el lago de Texcoco la hambrienta tribu mexica, que después de pocas generaciones iba a dominar a todos los pueblos de la comarca, fundar la gran capital de Tenochtitlán y extender su poderío hasta los confines de toda Mesoamérica.

Culturas del golfo atlántico

De Norte a Sur tendríamos las siguientes:

a) Huaxteca. Corresponde a un grupo de la familia lingüística maya que debió quedarse separado del núcleo principal en tiempos muy antiguos, ya que aunque su cultura presenta semejanzas en el horizonte inferior, los períodos subsiguientes muestran rasgos totalmente diferentes de la cultura maya.

b) Totonaca. Denominación incorrecta, ya que los restos arqueológicos que se descubren en la región (estado de Veracruz) no son todos atribuibles a los totonacos, quienes llegaron en época tardía. El Tajín fue el centro principal, y los elementos más característicos son las estupendas esculturas de piedra en forma de yugos, palmas y hachas votivas.

c) Olmeca. Nombre genérico que se aplicaba a todos los habitantes de la región del hule. Se prefiere ahora la designación de "Cultura de La Venta" por el sitio de Tabasco en que se descubrieron los vestigios arqueológicos que la caracterizan: cabezas y altares monumentales de piedra, y jades bellamente labrados. Esta cultura, que corresponde al período preclásico, jugó un importante papel en el desarrollo de las grandes civilizaciones mesoamericanas.

Culturas del sur de México

Las intensas exploraciones en Monte Albán y Mitla (Oaxaca) han arrojado mucha luz sobre la cultura zapoteca desde la época en que comenzó a diferenciarse de las demás culturas mesoamericanas hasta su decadencia y la ocupación de Monte Albán por los mixtecas. Constituyó una de las más grandes culturas mesoamericanas.

En Oaxaca también se desarrolló la cultura mixteca, de la que se conocen sitios correspondientes a los diferentes períodos mesoamericanos. Se destacó principalmente en su última fase, con avanzadas técnicas de cerámica, metalurgia y tallado de jade y otras piedras preciosas.

Cultura del Sureste y Centroamérica

Nos referimos aquí a la cultura maya que se extendió sobre territorios que actualmente corresponden a los estados mexicanos de Yucatán, Campeche, Chiapas, Territorio de Quintana Roo, parte oriental del estado de Tabasco, República de Guatemala, Belice y parte occidental de Honduras y El Salvador, cultura cuya exposición constituye el tema de nuestro próximo capítulo.

Bibliografía

Aveleyra Arroyo de Anda, Luis
1950 *Prehistoria de México*. Fondo de Cultura Económica. México.

Borhegyi, Stephan F.
1959 Pre-Columbian Cultural Connections Between Mesoamerica and Ecuador. *Middle American Research Records*, vol. II, núm. 6. Tulane University. Nueva Orleans.

Coe, Michael
1961 La Victoria, an early site on the Pacific Coast of Guatemala. *Papers, Peabody Museum of Archaeology and Ethnology*, vol. LIII. Harvard University. Cambridge.

Covarrubias, Miguel
1957 *Indian Art of Mexico and Central America*. Nueva York.

Ekholm, Gordon F.
1953 A possible focus of Asiatic influence of Mesoamerica. *American Antiquity*, vol. XVIII-3, part 2. Salt Lake City.

HEINE-GELDERN, ROBERT

1959 Chinese influence in Mexico and Central America: The Tajin Style of Mexico and the Marble Vases from Honduras. *Actas del XXXIII Congreso Internacional de Americanistas*, tomo I. San José, Costa Rica.

JIMÉNEZ MORENO, WIGBERTO

1953-1956 *Historia antigua de México*. Publicación de la Sociedad de Alumnos de la Escuela Nacional de Antropología e Historia. México.

KIRCHHOFF, PAUL

1943 *Mesoamérica. Acta Americana*. vol. I. México.

KROEBER, A.L.

1928 Cultural relations between North and South America. *Proc. 23rd. Int. Congr. of Amer.* Nueva York.

MACNEISH, RICHARD

1961 *Restos precerámicos de la Cueva de Coxcatlán, en el sur de Puebla.* Inst. Nal. de Antrop. e Hist. México.

MANGELSDORF, P.C., Y REEVES, R.G.

1945 The Origin of Maize: present status of the problem. *American Anthropology*, vol. XLVII-2. Menasha.

PIÑA CHAN, ROMÁN

1955 *Las culturas preclásicas de la cuenca de México*. Fondo de Cultura Económica. México.

1960 Mesoamérica.
Inst. Nal. de Antrop. e Historia. *Memorias VI.* México.

PORTER, MURIEL

1953 Tlatilco and the Pre-Classic cultures of the New World. *Viking Fund Publications in Anthropology* núm. 19. Nueva York.

SATTERTHWAITE, LINTON Y RALPH, ELIZABETH

1960 New Radiocarbon dates and the Maya correlation problem. *American Antiquity*, vol. 26, núm. 2. Salt Lake City.

STRONG, W.D.

1951 Cultural resemblances in Nuclear America: Parallelism or Diffusion? Selected papers 29th Int. Congr. of Amer., vol. I. *The Civilization of Ancient America*. Sol Tax (editor). Chicago.

WAUCHOPE, ROBERT
1954 Implications of Radiocarbon dates from Middle and South America. *Middle American Research Records*. vol. II, núm. 2. Tulane University. Nueva Orleans.

II. HISTORIA Y CULTURA MAYAS

SOBRE una extensión de 325 000 kilómetros cuadrados, actualmente ocupados en gran parte por la selva o llanuras semiáridas, un pueblo alcanzó hace doce siglos el mayor grado de civilización que haya conocido la América precolombina. Los mayas lograron poblar con mayor densidad que ahora los territorios que corresponden a los estados mexicanos de Yucatán, Campeche, Quintana Roo, Tabasco y parte de Chiapas, además de Guatemala, Belice y parte de Honduras y El Salvador, territorios que forman tres grandes áreas naturales: *1*) al Sur, las tierras altas de Guatemala y Honduras; *2*) al centro, la selva del Petén y cuencas de los ríos Usumacinta, Grijalva y Motagua; *3*) las llanuras semiáridas del norte de Yucatán.

Nuestros conocimientos sobre la historia y la cultura mayas proceden, por una parte, de los vestigios arqueológicos y, por otra, de fuentes históricas. Entre los vestigios arqueológicos incluimos los tres códices mayas que se conocen hasta la fecha, ya que mientras no se descifren totalmente no pueden considerarse como fuentes históricas. Entre estas últimas tenemos las indígenas y las que nos dejaron los conquistadores.

Sólo tres códices o manuscritos jeroglíficos han sobrevivido a los siglos, a la destrucción de la cultura maya y al fanatismo religioso de los primeros frailes españoles: los llamados Códices Dresdensis, Tro-Cortesiano y Peresiano, que se conservan respectivamente en Dresde, Madrid y París. Los códices son verdaderos libros hechos con la corteza convertida en pulpa de un árbol de la familia de los "Ficus". Tenían la forma de una larga tira doblada como un biombo. El papel recibía un baño fino de cal sobre cuya superficie se pintaban en varios colores los jeroglíficos y las figuras. Por lo que se ha podido descifrar de estos manuscritos, no parecen contener ninguna información histórica sino apuntes sobre las ceremonias rituales, horóscopos, deidades que regían la sucesión de los días, tablas lunares y de eclipses, y otros cálculos cronológicos.

Hacia fines del siglo XVII y durante el XVIII, los nativos de Yucatán escribieron varios libros en lengua maya con caracteres latinos, libros que recibieron el nombre de *Chilam Balam*, es decir, los "libros del profeta Balam (tigre)", alusión a un sacerdote que vivió en la época de la Conquista y se hizo célebre por haber profetizado la llegada de gente extraña y barbada, portadora de otra religión. Se han encontrado varios de estos libros, conociéndose con el nombre distintivo del pueblo en donde cada uno apareció. Se supone que son compilaciones o traducciones de textos jeroglíficos prehispánicos ya desaparecidos. Presentan síntesis de crónicas relativas a la historia de la península de Yucatán anterior a la Conquista, profecías y adivinanzas, narraciones y oraciones, mitos y creencias, datos astronómicos y cronológicos, relatos de sucesos corrientes ocurridos antes y después de la Conquista. De la maraña del texto harto confuso, se han podido entresacar datos interesantes para la reconstrucción histórica, aunque estos datos deben manejarse con cuidado debido a frecuentes incoherencias y contradicciones. Además, los datos arqueológicos no coinciden siempre con el contenido histórico de estos textos y, por el contrario, suelen contradecirlos.

En otra región del país de los mayas, en Guatemala, se escribieron también después de la Conquista, en lengua maya y caracteres latinos, dos importantes libros: el *Popol Vuh* y los *Anales de los cakchiqueles.* El primero es el libro sagrado de los quichés, y gracias a él nos han sido transmitidos importantes conocimientos de la cosmogonía, mitología, religión, migraciones e historia del pueblo quiché. Aparte de su valor histórico y religioso, el *Popol Vuh* es una obra literaria que se ha comparado con los poemas épicos de los libros sagrados de la India. Los *Anales de los cakchiqueles*, como lo indica su nombre, tratan de la historia de este pueblo, incluso de la Conquista española y acontecimientos inmediatamente posteriores; también contienen datos sobre cosmogonía, mitología y religión.

Entre las fuentes históricas que dejaron los conquistadores, sobresale la del obispo franciscano Fray Diego de Landa, la *Relación de las cosas de Yucatán*, escrita hacia 1560, es decir, poco después de la Conquista. De no haber escrito tal obra, Landa habría pasado a la historia únicamente como el responsable del escandaloso auto de fe de Maní, en el que fueron colgados y atormentados miles de indios, quemados un centenar, y destruidos cinco mil ídolos, trece altares, 197 vasos y veintisiete rollos de signos jeroglíficos. Como cronista, Landa legó a la posteridad parte del acervo cultural que como juez de la Inquisición se esforzó en destruir. Después de aprender maya, Landa recogió directamente de informantes indígenas datos de enorme importancia etnológica sobre las creencias religiosas, las costumbres, la historia, los conocimientos científicos y en particular el calendario, datos sin los cuales la investigación mayista no habría adelantado hasta el punto en que se halla ahora.

A raíz de la Conquista los vestigios de la cultura maya cayeron en el más profundo olvido. Hasta fines del siglo XVIII las autoridades coloniales se enteraron del primer descubrimiento de una gran ciudad maya —Palenque— y ordenaron su estudio. El siglo XIX marca el redescubrimiento de la América indígena con los viajes e investigaciones de los grandes exploradores europeos y norteamericanos —Waldeck, Stephens, Maudslay, Maler, Charnay Holmes, para sólo citar algunos de los más destacados—. Con el siglo XX se inician exploraciones e investigaciones sistemáticas, por instituciones científicas entre las que destacan el Museo Peabody de la Universidad de Harvard, la Institución Carnegie de Washington, el Museo de la Universidad de Pennsylvania, el Instituto de Investigaciones de la América Media de la Universidad de Tulane, el Museo de Historia Natural de Chicago, y el Instituto Nacional de Antropología e Historia de México. Una copiosa bibliografía, aunque principalmente monográfica y especializada, provee al estudioso de un material importante; sin embargo, debemos confesar que nuestra visión de la historia y de la cultura de los mayas dista aún mucho de ser completa y exacta.

A la luz de nuestros conocimientos actuales, basados principalmente sobre los resultados de la investigación arqueológica más reciente, la historia de los mayas puede dividirse en los siguientes períodos:

I.—Formativo o Preclásico: desde quizá un milenio antes de nuestra era, hasta el siglo IV d.C.*

II.—Clásico: del siglo IV al X d.C., dividido en una fase temprana y otra tardía.

III.—Tolteca: del siglo X hasta mediados del XIII d.C.

IV.—Decadente: desde mediados del siglo XIII hasta la Conquista española.

I.—El período formativo cuyo inicio en Mesoamérica data cuando menos de un milenio y medio antes de Cristo, corresponde a un largo proceso de civilización que fue común a varios pueblos. Notables progresos en la agricultura permitieron la creación de centros estables de población, y la vida sedentaria condujo al invento y desarrollo de la cerámica, así como a la elaboración de un arte escultórico vigoroso dentro de su sencillez. Se construyeron plataformas y las primeras pirámides para templos de madera con techo de palma. Las creencias religiosas se limitaban a la veneración de algunos dioses que encarnaban fuerzas naturales. Durante este período la cultura maya no se distinguía todavía sensiblemente de las que se formaban también en la meseta mexicana (cultura "arcaica"), en la

* Recientemente se ha considerado a los últimos 3 o 4 siglos como un período de transición entre el final del Formativo (Preclásico tardío) y la fase temprana del Clásico, período al que se ha denominado Protoclásico.

costa atlántica (cultura "olmeca") y en el sur de México (culturas "zapoteca" y "mixteca"). Sus vestigios comprenden casi exclusivamente vasijas y figurillas de barro, metates, y otros implementos de piedra, aparte de las plataformas y escasas pirámides ya mencionadas. Tales vestigios se encuentran en casi toda la extensión del área maya.

II.—El período clásico muestra en Mesoamérica el florecimiento de varias culturas nacidas de un mismo substrato y en consecuencia emparentadas en cuanto a ciertos conocimientos técnicos, creencias religiosas y tendencias artísticas, pero que fueron diferenciándose hasta presentar aspectos muy peculiares; citaremos las culturas teotihuacana, zapoteca, huaxteca, totonaca y maya, para no hablar sino de las más importantes. Dentro del área maya este florecimiento abarcó en forma más o menos paralela y simultánea las diferentes regiones y se caracterizó por el máximo desarrollo de los recursos agrícolas, dentro de una técnica rudimentaria; la formación de grandes núcleos de población con sus respectivos centros ceremoniales; el progreso de la arquitectura estimulado por el crecimiento de la clase sacerdotal y la importancia y complejidad cada vez mayores del culto; el impulso extraordinario del arte al servicio de la religión; el desarrollo de las ciencias astronómica y matemática a pesar de la ausencia de instrumentos de precisión; la elaboración de una escritura jeroglífica y de un calendario complicado y preciso; la concentración de un poder político y espiritual en una teocracia, y la creación de una eficiente jerarquía civil, religiosa y militar. Estilos propios fueron creándose en las diferentes provincias dentro del marco de principios y técnicas fundamentales comunes.

III.—Hacia el final del período anterior, se registró una ruptura del relativo equilibrio en que florecieron las culturas clásicas mesoamericanas. El régimen teocrático tendió a ser sustituido por un militarismo agresivo, dando lugar a guerras, invasiones, migraciones y trastornos sociales, que culminaron en el repentino colapso de los mayores centros culturales. En el centro del área maya el colapso fue total, pero en el norte de Yucatán y en los altos de Guatemala la vida cultural se prolongó, en parte alterada y vivificada por la llegada de grupos toltecas procedentes del centro de México, los que impusieron su dominio político, nuevas técnicas de construcción, costumbres y ritos diferentes que se reflejan en los vestigios arqueológicos.

IV.—La intromisión de grupos étnicos extraños a la población maya, la preponderancia de la casta militar, la rivalidad por la hegemonía política entre los núcleos invasores, la introducción de mercenarios mexicanos y el incremento de los sacrificios humanos tuvieron como consecuencia una época de desórdenes, intrigas y cruentas luchas, con una decadencia cultural que condujo a la destrucción o abandono de los grandes centros ceremoniales. Durante este período las influencias toltecas fueron parcialmente absorbidas en Yucatán por el medio nativo, pero el impulso creador se había apagado. A la llegada de los españoles la cultura maya, muerta desde hacía siglos en las provincias centrales y profundamente alterada por patrones y conceptos nahuas en las meridionales, estaba moribunda en Yucatán, en donde los numerosos cacicazgos enemigos entre sí no pudieron oponer a los conquistadores sino focos aislados de resistencia bélica. Sin embargo, la conquista total del país maya no se realizó sino siglo y medio más tarde, con la toma de Tayasal en el Petén guatemalteco, refugio de los itzaes.

Es imposible, cuando menos con nuestros conocimientos actuales, estimar con cierta exactitud la importancia numérica de la población maya en su época de florecimiento. En sus cálculos, los investigadores más prudentes no se atreven a pasar del millón de personas, mientras que Morley, en su entusiasmo por la civilización maya, llegó hasta trece millones. La estimación de Eric Thompson en dos o tres millones de habitantes para toda el área maya debe acercarse más a la realidad, aunque sea posiblemente un poco baja. Teniéndose en cuenta que en la actualidad cerca de dos millones de personas hablan sólo alguna lengua mayance y que la densidad demográfica debió ser mayor entonces que ahora, a juzgarse por el gran número de sitios arqueológicos que existen diseminados en extensas regiones que ahora están inhabitadas, creemos que una cifra de cuatro a cinco millones de habitantes puede proponerse sin temor a exagerar.*

La relativa homogeneidad física que presenta el pueblo maya actual, y su diferenciación del tipo mexicano, es indudablemente el resultado de siglos de permanencia en un relativo aislamiento geográfico, durante los cuales los rasgos somáticos fueron marcándose cada vez más. Sin embargo no constituye ningún grupo independiente dentro del mosaico étnico americano, ya que en otros pueblos de la costa del golfo atlántico (huaxtecos, totonacos y olmecas) se identifican características semejantes. En forma general, el maya actual es de baja estatura aunque bien musculado. Resalta su hiperbraquicefalia que la práctica de la deformación craneana hacía aún mayor en los tiempos antiguos. El color pardo cobrizo de su piel, el cabello negro, lacio y grueso, los ojos negros o pardo obscuro frecuentemente oblicuos, la pilosidad escasa y la ocurrencia también frecuente de la llamada "mancha mongólica", confieren al tipo maya gran seme-

* Estudios recientes de patrones de población y estimaciones basadas sobre la relación entre densidad demográfica y rendimiento agrícola tienden a reducir notablemente las cifras propuestas.

LÁM. 2. *Mapa lingüístico y arqueológico del área maya (según Eric Thompson).*

janza con los lejanos antepasados del hombre americano. A pesar de que su alimentación, de sólo 2 500 calorías diarias pero con 80% de carbohidratos, queda muy alejada de las normas que marca la dietética moderna, el maya es vigoroso y trabajador. Es de naturaleza inteligente, sociable y alegre. La limpieza personal del yucateco es impresionante aunque el país carece de agua superficial y la extracción de agua de pozo representa un problema a veces trágico. Su fatalismo secular explica su espíritu tradicionalista y su respeto a las leyes y costumbres; sin embargo, no es sumiso. Su concepto de la justicia, de la honradez, del respeto a la vida y bienes ajenos es notable. Los lazos familiares son fuertes aunque desprovistos de manifestaciones aparentes de afecto. Conserva todavía bastante de la mentalidad mágica indígena, por lo que su religiosidad, nunca fanática, es más mezcla de idolatría y superstición que verdadero sentimiento místico.

El idioma maya se divide en varias familias, las que a su vez pueden subdividirse en mayor número de grupos, comprendiendo cada uno de éstos diferentes lenguas y dialectos. Las principales lenguas mayas son: la propiamente maya de Yucatán, el quiché, cakchiquel, kekchi, mam, pocoman, en Guatemala; el lacandón, chol, chontal, tzeltal, tzotzil y chañabal, en Chiapas; el chorti, en Guatemala y Honduras; el huaxteca, en la costa veracruzana y tamaulipeca. La lengua maya original sufrió notables modificaciones en el norte de Yucatán con motivo de las invasiones toltecas y de los mercenarios aztecas, de habla náhuatl, pero como lo dice Morley, tales modificaciones influyeron más el vocabulario que la morfología y sintaxis. En la actualidad numerosas palabras castellanas han sido incorporadas al maya, pero además el fenómeno inverso se produjo en Yucatán, en donde el vocabulario español comprende innumerables mayismos, y en donde la fonética maya ha marcado con su sello peculiar la pronunciación del castellano.

Aparte de su lengua, a través de los siglos el maya ha logrado conservar algunos rasgos culturales pese al tremendo impacto de la Conquista española y a la imposición de una cultura totalmente distinta a la suya. En lo material puede decirse que el campesino maya vive su existencia diaria en una forma muy parecida a la de su antepasado de hace mil o mil quinientos años. Su principal ocupación es el cultivo de su milpa de maíz, y las técnicas que emplea son las mismas que entonces, salvo quizá el uso de machete, hoz y hacha de metal en vez de los artefactos de piedra. La choza en que habita sigue generalmente con exactitud el patrón de la antigua, con sus muros de palos embarrados de lodo y su techo de palma sostenido por un armazón de madera. Los escasos muebles, es decir pequeñas bancas y mesas bajas de fabricación casera, son los mismos con excepción de la hamaca, probablemente importada de las Antillas por los españoles, en sustitución de la tarima de madera o de la estera tejida en que dormía el indio antiguo.

En lo espiritual ha conservado por tradición oral una serie de costumbres y ritos. Por ejemplo la ceremonia llamada del *hetzmek,* cuando por primera vez el niño es cargado a horcajadas sobre la cadera, en una especie de lejana anticipación de los ritos de pubertad. En el momento de la siembra del maíz se siguen haciendo ceremonias en los campos así como en caso de sequía prolongada cuando los hombres en cuclillas imitan la actitud y el grito de las ranas para provocar por magia imitativa la caída de la lluvia.

Toda la economía de los pueblos mayas descansaba sobre la agricultura del maíz, cereal que representaba cuando menos el 75% de su alimentación. El sistema de cultivo era el llamado de roza, es decir, que se quemaba el monte, previa tumba de los árboles, antes de sembrar el grano. Al cabo de varios años era preciso cambiar de lugar ya que el rendimiento bajaba sensiblemente cada año, y es indudable que con el crecimiento de la población disminuyeran rápidamente las extensiones disponibles y se empobreciera la tierra. La ausencia de corrientes superficiales y la falta de irrigación artificial hacían que las cosechas dependieran únicamente de las lluvias, y cuando éstas escaseaban el hambre se abatía sobre las poblaciones. Como especies complementarias cultivaban el frijol, la calabaza, el chile, la jícama, el camote, la yuca, el tomate y el tabaco. Además, contaban con numerosas frutas silvestres.

Sus animales domésticos eran exclusivamente el guajolote, la abeja y un perro mudo que cebaban para comer. Por supuesto que se aprovechaban de la carne de los animales de caza que abundaban en los montes. Su incipiente industria comprendía principalmente la elaboración casera de sogas y tejidos de henequén, telas de algodón, la fabricación de papel para los códices y de hule para las pelotas de los juegos rituales, la extracción de la sal en las salinas costeras.

El comercio jugaba un papel importante en la economía de los mayas. Los comerciantes formaban una clase privilegiada en la sociedad aunque no sabemos si llegó a tener la importancia que alcanzó entre los aztecas. Entre otras mercancías exportaban a Tabasco (uno de los mayores centros de intercambio comercial entre los pueblos mayas y nahoas), sal, cera, miel, ropa de algodón y esclavos, a cambio principalmente de cacao y de adornos de jade. Conchas rojas y almendras de cacao les servían de moneda. El comercio interno se hacía utilizando simples caminos abiertos en el monte y calzadas pavimentadas que unían las principales ciudades mayas. Una de las más famosas une los sitios de Yaxuná, cerca de Chichén-Itzá, y Cobá, cerca de la costa oriental de la península, cuyo trazo de cien kilómetros es casi exactamente recto y orientado Este-Oeste. Por la costa y los ríos que abundan en la parte meridional de la península y en Tabasco, se realizaba el comercio entre los centros de Guatemala y los de las llanuras de Campeche y Tabasco así como con los pueblos del litoral. Como se recordará, Colón se cruzó con comerciantes mayas en la bahía de las Islas, frente a Honduras, los que llevaban en su canoa armas y adornos. Los mercados locales asombraron a los conquistadores por la limpieza y el orden que reinaba en ellos y por la cantidad y variedad de los productos.

Carecemos de datos precisos sobre la organización social y política de los mayas en el período clásico. Sin embargo, con lo poco que podemos aprovechar de las fuentes históricas, la interpretación de los restos arqueológicos y la copiosa información comparativa que tenemos sobre los aztecas, estamos seguros que la sociedad maya había alcanzado un notable grado de desarrollo y estabilización, con clases sociales perfectamente diferenciadas y estratificadas.

Se supone que el país de los mayas estaba dividido en especies de provincias autónomas que se han comparado con las ciudades-Estado de Grecia, políticamente independientes o quizá, como lo sugiere Thompson, integrando una Federación, dentro del marco de una cultura uniforme y un mismo idioma. En cada estado la máxima autoridad administrativa, ejecutiva y probablemente eclesiástica era el *halach uinic* (el hombre verdadero), cuyo cargo hereditario permanecía generalmente en una misma familia, pasando de padre a hijo o a una rama colateral en caso de faltar descendencia directa. Los señores, cuyo nombre maya (*almenehoob*), "los que tienen padres y madres", venía a ser equivalente del castellano "hidalgo", eran generalmente guerreros ennoblecidos o sus descendientes, y gozaban de toda clase de privilegios, estando a su cargo las funciones administrativas y ejecutivas de las ciudades. Parece que poseían tierras, estaban exentos de tributos y constituían una verdadera corte alrededor del soberano.

Los sacerdotes, en un sistema en donde la religión era el eje, disfrutaban de un prestigio cuando menos tan grande como el de los señores. Según el cronista Cogolludo, "los sacerdotes eran tenidos por señores, cabezas y superiores a todos y eran los que castigaban y premiaban, obedecidos con gran esmero". Eran seguramente la clase culta, por lo que se les consultaba para todos los asuntos importantes de la colectividad. Entre sus principales funciones estaban las de determinar las fechas de las diferentes faenas agrícolas y de las fiestas religiosas, dar nombres a la gente y establecer sus horóscopos, predecir

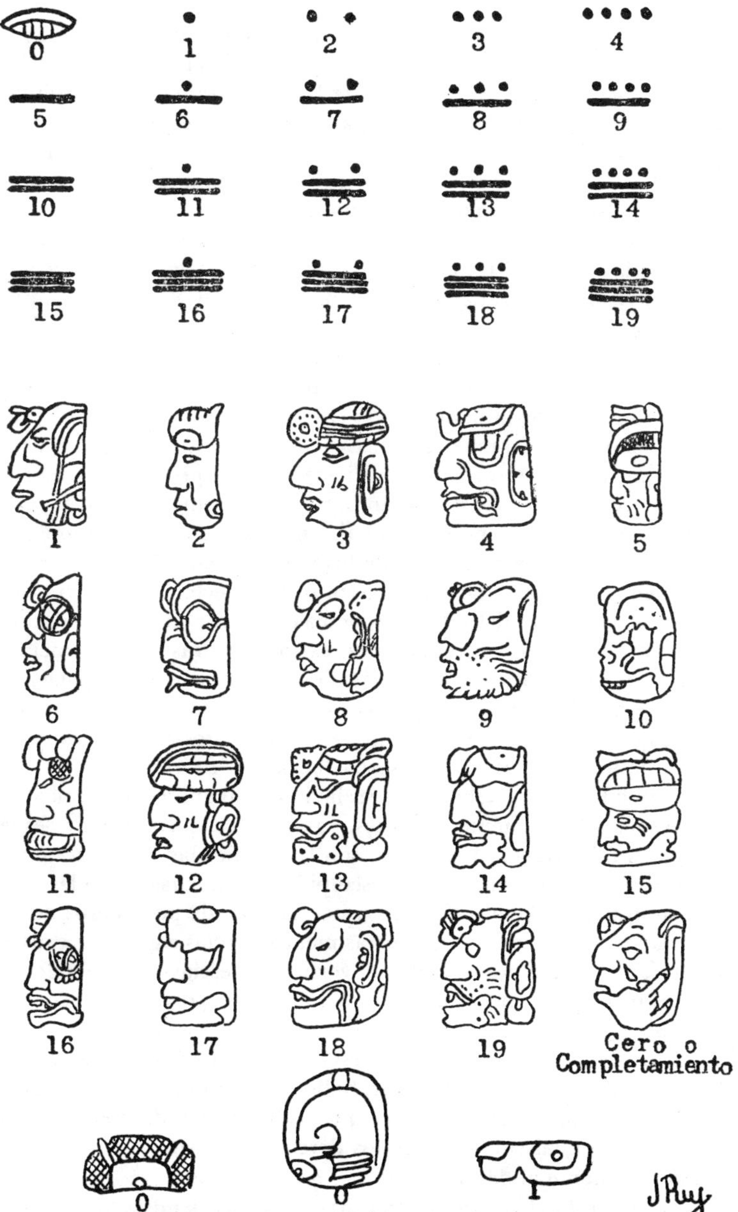

LÁM. 3. *Numeración maya: puntos y barras; variantes de cabeza; varios.*

los acontecimientos futuros, curar a los enfermos, hacer oficio de registro civil, rendir justicia, llevar a cabo todos los ritos que acompañaban el ciclo vital de los mayas, escribir los códices, hacer observaciones astronómicas y cálculos para anunciar eclipses y demás fenómenos del cielo, educar a los futuros sacerdotes y transmitir las tradiciones, etc. Su alta posición social no les eximía de sujetarse a la severa disciplina ritual observando las rigurosas reglas del culto (ayunos, abstinencias, autosacrificios). Como entre la nobleza, una complicada jerarquía reinaba en el sacerdocio asegurando una eficiente división del trabajo bajo la dirección del *Ah Kin*, el Gran Sacerdote del Sol.

Una clase o grupo intermedio, del que carecemos de datos, sería el de los ricos, en gran parte derivado de las actividades comerciales.

La gran masa de la población se componía de "macehuales", según la denominación mexicana, casi todos campesinos y que constituía la única clase productora. Las tierras eran de propiedad comunal y las labores se realizaban en gran parte colectivamente. El campesino debía por supuesto no sólo trabajar para su propio sostenimiento y el de su familia, sino para el de los nobles y sacerdotes. Además, en el tiempo muerto que quedaba entre la cosecha de un año y las labores preparativas del siguiente, debía colaborar en la construcción de los grandes centros ceremoniales, extraer piedras de las canteras, tallarlas, transportarlas; edificar las pirámides, los templos, palacios, juegos de pelota, terrazas, calzadas y demás monumentos. Aparte de su trabajo, entregaba también a los señores tributos en especies, productos de lo que cultivaba, pescaba, cazaba o fabricaba.

Aunque Landa sostiene que la esclavitud sólo apareció en Yucatán en tiempos relativamente recientes, es probable que existiera desde tiempos más antiguos. En efecto, son frecuentes las reproducciones de cautivos en los monumentos esculpidos de muchas ciudades mayas, aunque no sabemos si no se trata más que de prisioneros destinados a los sacrificios. Los cronistas mencionan las siguientes causas por las que un individuo podía convertirse en esclavo: ser reo de algún delito penal (robo, homicidio, adulterio) o por deuda; ser prisionero de guerra, haber nacido de padres esclavos o haber sido secuestrado de niño y vendido como esclavo; ser huérfano y haber sido destinado al sacrificio por su tutor; haber sido comprado en el comercio. El ser esclavo significa tener que trabajar cuando menos tanto como el macehual sin gozar de los derechos de éste.

Paralelamente al desarrollo social, a la cada vez mayor complejidad estructural del conglomerado maya, fue creciendo y ramificándose la religión. Del simple animismo de los lejanos tiempos preagrícolas en que todas las fuerzas naturales deificadas se adoraban con

LÁM. 4. *Jeroglíficos de los períodos cronológicos: glifos normales y variantes de cabeza.*

LÁM. 5. *Jeroglíficos de los días.*

Figuras

FIGURA 1. *Choza maya moderna de Yucatán.*

FIGURA 2. *Templo del Sol, Palenque.*

FIGURA 3. *Palacio, Palenque.*

FIGURA 4. *Templo I en proceso de restauración, Tikal.*

FIGURA 5. *Palacio, Kabah.*

FIGURA 6. *Templo Mayor o Pirámide de los Cinco Pisos, Edzná.*

FIGURA 7. *Casa Colorada o* Chicchan Chob, *Chichén-Itzá.*

FIGURA 8. *Casa de las Palomas, Uxmal.*

FIGURA 9. *Palacio, en proceso de restauración, Sayil.*

FIGURA 10. *Detalle de la Casa de las Tortugas, Uxmal.*

FIGURA 11. *El Arco, Labná.*

FIGURA 12. *Templo de los Tres Dinteles, Chichén-Itzá.*

FIGURA 13. *La Iglesia, Chichén-Itzá.*

FIGURA 14. *Vista general del Cuadrángulo de Las Monjas, Uxmal.*

FIGURA 15. *Edificio poniente de Las Monjas, Uxmal.*

FIGURA 16. *Palacio del Gobernador, Uxmal.*

FIGURA 17. *El Adivino, fachada poniente, Uxmal.*

FIGURA 18. *Templo de Hochob.*

FIGURA 19. *Fachada este del Anexo a Las Monjas, Chichén-Itzá.*

FIGURA 20. *Estructura 1, Xpuhil (dibujo de Tatiana Proskouriakoff).*

Figura 21. *El Caracol, Chichén-Itzá.*

Figura 22. *Templo de los Guerreros, Chichén-Itzá.*

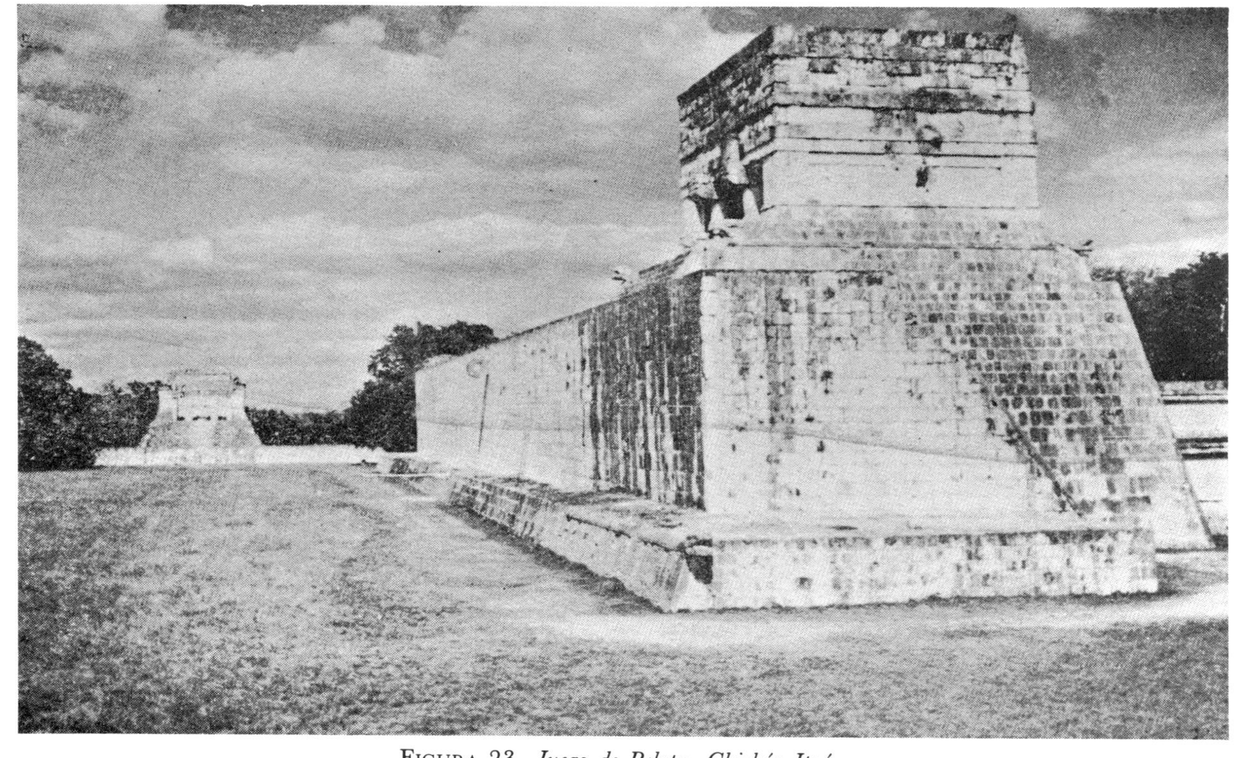

FIGURA 23. *Juego de Pelota, Chichén-Itzá.*

FIGURA 24. *El Castillo, Chichén-Itzá.*

FIGURA 25. *El Castillo, Tulum.*

FIGURA 26. *Bajorrelieve de piedra en el patio noreste del Palacio, Palenque.*

FIGURA 27. *Detalle de la escena de ofrenda en el Tablero del Palacio, Palenque.*

FIGURA 28. *Cripta y sepulcro debajo de la pirámide del Templo de las Inscripciones, Palenque.*

FIGURA 29. *Bajorrelieve de estuco en un pilar de la galería poniente del Palacio, Palenque.*

FIGURA 30. *Lápida de Jonuta.*

FIGURA 31. *Dintel núm. 3, Piedras Negras (copia restaurada) (761 d.C.).*

FIGURA 32. *Estela núm. 11, Yaxchilán (752 d.C.).*

FIGURA 33. *Estela "H", Copán (782 d.C.).*

FIGURA 34. *Estela "E", Quiriguá (771 d.C.).*

FIGURA 35. *Arco abovedado de entrada al patio del Cuadrángulo de Las Monjas, Uxmal.*

FIGURA 36. *Palacio de los Mascarones, o* Codz-Pop, *Kabah.*

FIGURA 37. *Escultura procedente del arquitrabe del templo más antiguo de El Adivino (conocida bajo el nombre de "la reina"), Uxmal.*

FIGURA 38. *Pilar esculpido en el Templo de los Guerreros, Chichén-Itzá.*

FIGURA 39. *Entrada del Templo de los Guerreros, Chichén-Itzá.*

FIGURA 40. *Altar del Templo de los Guerreros, soportado por figuras del tipo "atlante", Chichén-Itzá.*

FIGURA 41. *Portaestandarte del Templo de los Guerreros, Chichén-Itzá.*

FIGURA 42. *Escultura representando una deidad recostada (conocida bajo el nombre de* chac-mool*), Chichén-Itzá.*

FIGURA 43. *Trono en forma de jaguar, con incrustaciones de jade, hallado en la estructura interior de El Castillo, Chichén-Itzá.*

FIGURA 44. *Plataforma con bajorrelieves representando cráneos humanos ensartados (llamada en lengua náhuatl* tzompantli*), Chichén-Itzá.*

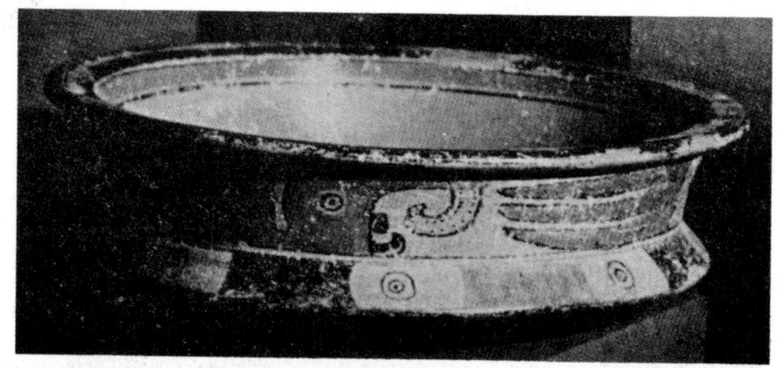

FIGURA 45. *Plato policromado con moldura basal, del período clásico temprano (tipo Tzakol).*

FIGURA 46. *Vaso pintado del período clásico tardío (tipo Tepeu).*

FIGURA 47. *Vaso grabado del período clásico tardío en Yucatán (tipo* slate*).*

FIGURA 48. *Objeto de barro modelado, tipo incensario, procedente de Palenque.*

FIGURA 49. *Figurilla de barro representando a un sacerdote, procedente de Jaina.*

FIGURA 50. *Figurilla de barro representando a una mujer, procedente de Jaina.*

FIGURA 51. *Última página del Códice de Dresde.*

FIGURA 52. *Pinturas murales de Bonampak: músicos y danzantes.*

FIGURA 53. *Pinturas murales de Bonampak: la batalla.*

FIGURA 54. *Pinturas murales de Bonampak: sacrificio de los prisioneros.*

FIGURA 55. *Tramo abovedado del Acueducto, Palenque.*

FIGURA 56. *Templos de la Cruz y del Sol, Palenque.*

FIGURA 57. *Detalle de la inscripción jeroglífica del Tablero del Palacio, Palenque.*

FIGURA 58. *Personaje central de la Lápida de los Esclavos, Palenque.*

FIGURA 59. *Cara de estuco modelado procedente de El Palacio, Palenque.*

FIGURA 60. *Templo de las Inscripciones, en proceso de restauración, Palenque.*

FIGURA 61. *Escalera interior que conduce del santuario a la cripta funeraria en la pirámide del Templo de las Inscripciones, Palenque.*

FIGURA 62. *Corredor y lápida triangular que cerraba la entrada a la cripta funeraria del Templo de las Inscripciones.*

FIGURA 63. *Cripta y lápida esculpida que cubre el sarcófago, debajo de la pirámide del Templo de las Inscripciones, Palenque.*

FIGURA 64. *Dos de los nueve sacerdotes modelados en estuco sobre los muros de la cripta funeraria de Las Inscripciones, Palenque.*

FIGURA 65. *Cabeza de estuco hallada debajo del sepulcro en el Templo de las Inscripciones, Palenque.*

FIGURA 66. *Otra cabeza de estuco hallada junto con la anterior.*

FIGURA 67. *Monumental sepulcro en la cripta del Templo de las Inscripciones, después de alzar la lápida esculpida que lo cubría.*

FIGURA 68. *Cavidad del sarcófago, antes de que se retire la losa con agujeros y tapones que la sellaba.*

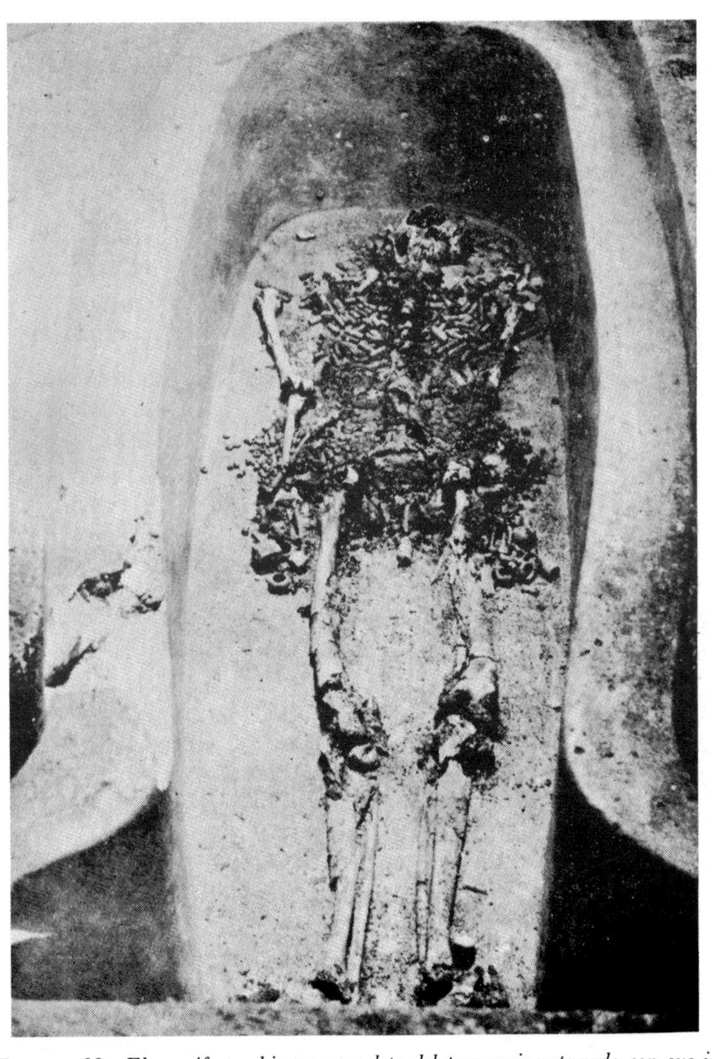

FIGURA 69. *El sarcófago abierto: esqueleto del personaje enterrado con sus joyas de jade.*

FIGURA 70. *Figurilla de jade representando al dios solar, hallada dentro del sarcófago.*

FIGURA 71. *Figurilla de jade que debió estar cosida sobre el* ex *o taparrabo del personaje enterrado.*

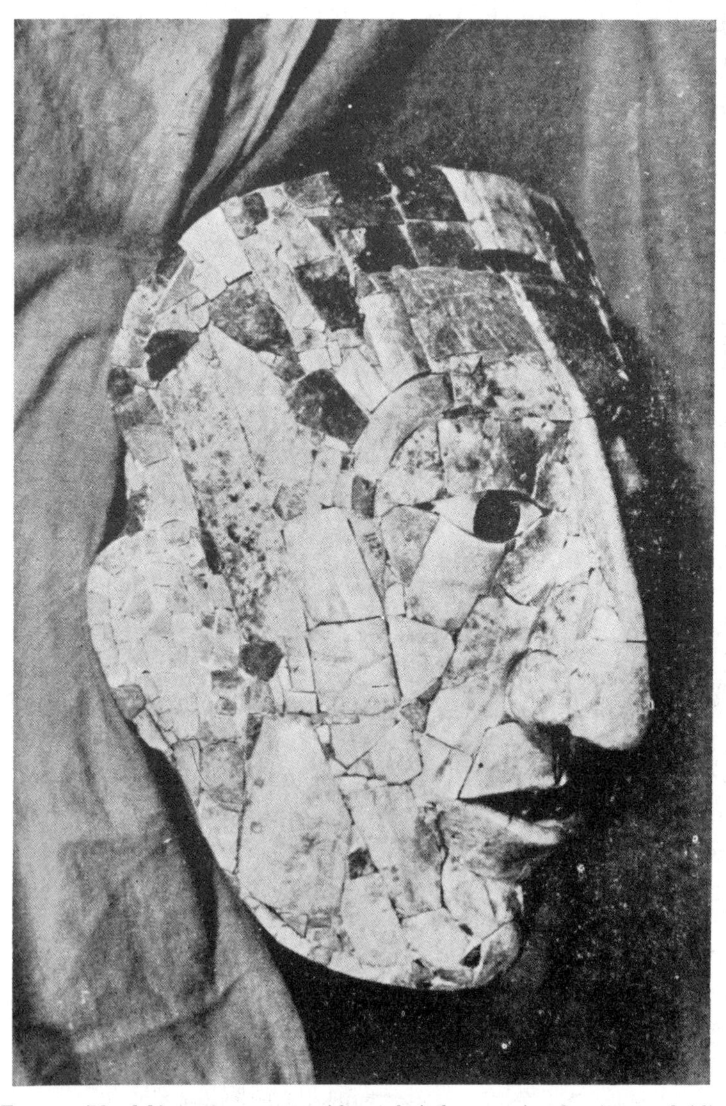

FIGURA 72. *Máscara —reconstruida— de jade, con ojos de nácar y obsidiana, que llevaba puesta el personaje enterrado en la cripta del Templo de las Inscripciones, Palenque.*

FIGURA 73. *Detalle del bajorrelieve de la lápida sepulcral: el hombre, ligado por su destino a la muerte, mira a la cruz —estilización de la planta del maíz—, símbolo de resurrección.*

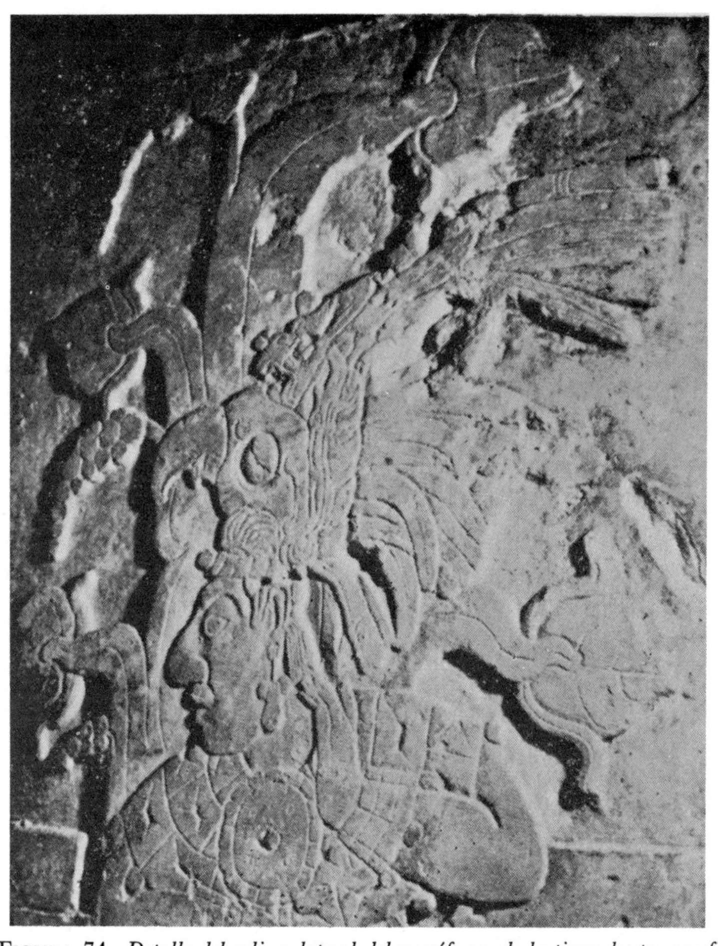

FIGURA 74. *Detalle del relieve lateral del sarcófago: de la tierra brota una figura humana junto con una planta (palma del cocoyol).*

la mínima intervención del hechicero, la religión se había convertido en un complicado politeísmo que abarcaba no sólo las fuerzas elementales de la naturaleza sino seres humanos, animales y vegetales, astros y fenómenos celestes, incluso conceptos abstractos como por ejemplo las divisiones arbitrarias del tiempo. La multiplicidad de los dioses determinaba complicadas relaciones e interferencias en las que una deidad podía darse a conocer bajo varias advocaciones, o varias deidades relacionarse con un solo concepto. Curiosamente o quizá como consecuencia de tal diversidad de dioses, cuya existencia y ordenadas funciones dejaban suponer una voluntad superior preexistente, "creían los indios de Yucatán —nos dice Cogolludo— que había un dios vivo y verdadero, que decían ser el mayor de los dioses y que no tenía figura ni se podía figurar por ser incorpóreo. A éste llamaban Hunab Ku... De éste decían que procedían todas las cosas y como a incorpóreo no le adoraban". Esta tendencia monoteísta la encontramos también más tarde apuntando en algunas mentalidades selectas de los aztecas.

Mencionaremos brevemente algunas de las divinidades mayas. Itzamná, señor de los cielos, del día y de la noche, es considerado a veces como hijo de Hunab Ku; su identificación en los códices y los monumentos de piedra no es segura; es deidad benévola asociada al sol y a la luna, y se cree que pudo ser un héroe cultural deificado. Chaac, dios de la lluvia, el más popular y venerado principalmente en el norte árido de Yucatán, en donde su máscara con nariz en forma de trompa encorvada está reproducida profusamente, simboliza no sólo la lluvia sino el viento, el rayo, el trueno y el relámpago, dividiéndose además en cuatro deidades para los cuatro puntos cardinales, asociada cada una a un color determinado (rojo al Este, blanco al Norte, negro al Oeste y amarillo al Sur); era benéfica por excelencia ya que le correspondía asegurar las cosechas. Asociados con los cuatro Chaques estaban los cuatro Bacabes que reinaban en los puntos cardinales, sosteniendo al cielo. El dios del maíz era por supuesto uno de los más importantes, y es probable que fuera también divinidad de la agricultura en general. Se ha identificado con Yum Kax, el señor de los bosques y de los campos de los últimos tiempos de la historia maya; se representaba como hombre joven cuya cabeza a veces se alargaba en mazorca de maíz, y naturalmente era benéfico puesto que la vida de todos dependía de él. La más importante de las deidades malévolas era obviamente Ah Puch, la muerte, representada por un cuerpo semidescarnado o con señas de descomposición; frecuentemente iba acompañada del perro, de la lechuza o del ave mitológica "Moan", todos ellos de mal agüero. La diosa Ixchel amparaba muchos conceptos aparentemente incoherentes pero conexos en la mentalidad indígena, tales como la luna, el parto, la medicina, el arco iris y las inundaciones. La diosa Ixtab era patrona de los suicidas por ahorcamiento, los que se suponía gozarían de un paraíso especial; su recuerdo subsiste en Xtabay de las leyendas coloniales y actuales, la mujer hermosa que de noche vaga por los campos y produce la muerte a los hombres que se le acercan. Otros dioses eran Xaman Ek, la estrella polar; Ek Chuah, patrón de los mercaderes y viajeros al mismo tiempo que deidad guerrera; los dioses de la guerra y de los sacrificios humanos; Kukulcán, nombre maya de Quetzalcóatl, la serpiente emplumada, llevada a Yucatán por los toltecas y originada probablemente en Teotihuacán, dios del viento, del planeta Venus y quizá también símbolo del rayo (la serpiente de fuego que vuela en el cielo). Cada uno de los trece cielos y de los nueve mundos inferiores poseía su propia deidad, y lo mismo los números y los períodos cronológicos, es decir, los veinte días de cada mes, los 19 meses del año, los 13 katunes o períodos de 20 años y los períodos mayores de su cronología.

El invento de la escritura jeroglífica, la cronología y el calendario, por sabios sacerdotes, después de minuciosas observaciones de los astros y repetidos cálculos,* puso en manos del sacerdocio un arma de dominio espiritual poderosísima. La armonía del mecanismo celeste, la recurrencia de los astros en su continuo andar, debió sintetizar para los sacerdotes el orden cósmico y la eternidad. Pero las observaciones astronómicas les condujeron al conocimiento preciso de las estaciones del año y con ello a la regulación de las labores agrícolas. El sacerdote, conocedor del curso de los astros, que podía predecir eclipses y demás fenómenos celestes, y anunciar el principio de las aguas, fue considerado como el promotor de fenómenos, investido por los dioses de los poderes necesarios. En una civilización esencialmente agrícola en que el sustento del hombre dependía en última instancia de las condiciones atmosféricas, una religión que contaba con la ayuda de la astronomía y el calendario tenía que alcanzar un dominio ilimitado. El sacerdote además no sólo predecía lo que las observaciones del cielo realmente anunciaban, sino que creó una verdadera astrología que también se tomaba en cuenta para todos los actos de la vida empezando con las diferentes fases de la agricultura.

El carácter agrario de la religión maya se percibe también en sus creencias cosmogónicas. Varias humanidades sucesivas fueron crea-

* Los mayas, al parecer, heredaron estos conocimientos de los pueblos establecidos durante el período preclásico en la costa atlántica ("olmeca") y Oaxaca ("zapoteca"). Pudieron penetrar al área maya, adonde se perfeccionaron, por la costa meridional de Guatemala y los altos de Chiapas y Guatemala.

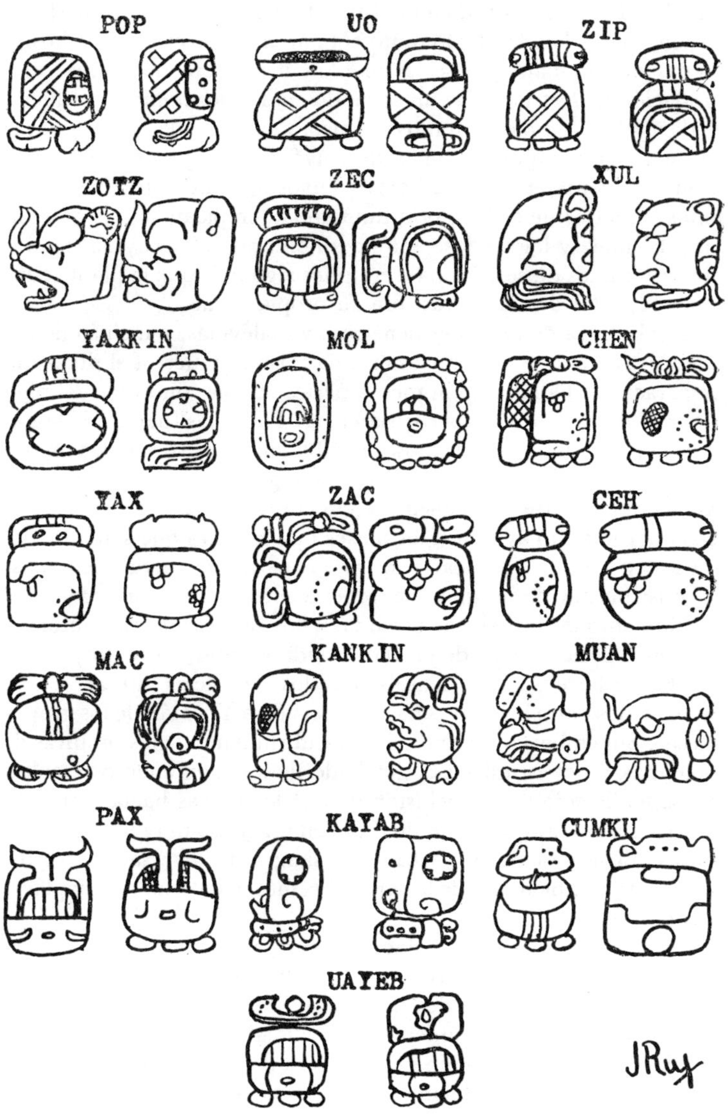

Lám. 6. Jeroglíficos de los meses.

das por los dioses después de la tierra, los bosques, las aguas y los animales. La primera humanidad fue de barro y resultó imperfecta y frágil, no pudiendo por lo tanto colmar el propósito de los dioses, quienes necesitaban que se les alabara y rindiera homenaje; una inundación la destruyó. En un segundo ensayo los hombres se hicieron de madera, pero eran tontos y malos, y carecían de sangre y corazón; una segunda inundación los destruyó, salvo algunos que se escaparon refugiándose en los árboles y cuyos descendientes fueron los monos. Finalmente se hizo otra humanidad empleándose esta vez la masa del maíz y lográndose entonces hombres cabales y adecuados para servir a los dioses. El maíz era pues algo más que la planta fundamental, vital de los mayas; era su propia carne.

La existencia de deidades benéficas y malévolas, e incluso de caracteres favorables y contrarios en una misma, muestra el dualismo que caracterizaba la religión mesoamericana, sus conceptos del bien y del mal deificados y en perpetua lucha. Todas las fuerzas de la naturaleza personificadas por dioses combatían entre sí, aliados unos y enemigos otros, y el resultado de este antagonismo —que se resolvía y volvía a plantearse eternamente— era el destino del hombre. Se precisaba por lo tanto ayudar a los dioses buenos para que salieran victoriosos, y tratar de aplacar a los malos para que fueran benignos. La construcción de templos, la veneración hacia los sacerdotes, el cumplimiento del ritual, las ofrendas y los sacrificios eran entonces los medios para obtener de los dioses vida y salud, sustento y felicidad. Hasta hace poco se pensaba que los sacrificios humanos eran desconocidos entre los mayas hasta la llegada a Yucatán de los grupos toltecas. Sin embargo, después del descubrimiento de las pinturas de Bonampak y del estudio más detallado de los monumentos esculpidos, se ha llegado a la conclusión de que los mayas hacían también sacrificios humanos, aunque sin duda en un grado muy inferior a los aztecas. El autosacrificio, sacándose sangre de diversas partes del cuerpo, era también una de las prácticas más usuales para complacer a los dioses.

Antes de decir algunas palabras sobre la escritura y los conocimientos matemáticos y astronómicos de los mayas, debe confesarse que mucho nos falta para descifrar la escritura maya como se ha hecho con la egipcia y la súmera. En realidad, bien poco se ha adelantado en esta investigación y si no fuera por los datos que nos dejó Landa estaríamos probablemente en completa obscuridad al respecto. La escritura maya es jeroglífica, es decir, compuesta de elementos ideográficos y otros fonéticos. No existía un verdadero alfabeto, ya que lo que Landa presenta como tal no es más que la equivalencia gráfica maya de los sonidos del alfabeto castellano. Varias tentativas

Lám. 7. Representación de algunas deidades, según el Códice de Dresde.

se han hecho para descifrar la escritura maya de la que conocemos más o menos la tercera parte de los signos ideográficos y muy pocos elementos fonéticos. El intento más reciente es el del joven etnólogo soviético Knorozov, del que sólo nos ha llegado una breve información que no permite ningún juicio definitivo pero que parece representar un esfuerzo serio para encontrar el camino del desciframiento.*

Lo que leemos hasta ahora en las inscripciones mayas son principalmente datos cronológicos y referencias astronómicas y astrológicas. Se ha pensado muchas veces que esto no debía constituir más que el armazón cronológico de anales históricos, pero tal interpretación no ha sido suficientemente confirmada. Por el contrario, el registro de fechas fijas del calendario, como son los fines de katunes, es decir, períodos de 20 años, en numerosas ciudades diseminadas sobre todo el territorio maya, sugiere más que un propósito histórico el deseo de conmemorar el paso del tiempo. Muchas de las inscripciones deben registrar la fecha en que un edificio fue dedicado al culto, fecha expresada en términos del calendario solar, del calendario lunar, y de un calendario ritual, con las representaciones de las divinidades patronas de los diferentes ciclos cronológicos. Varias páginas del Códice de Dresde están dedicadas a un calendario del planeta Venus válido por 384 años, lo que no es de extrañar puesto que una de las principales preocupaciones de los astrónomos mayas parecen haber sido las relaciones entre los ciclos solar y venusino. Es posible que los jeroglíficos que aún no se descifran se relacionen con los ritos correspondientes a ciertas fechas, profecías basadas en la astrología, es decir, especies de horóscopos colectivos que predecían la suerte de esperarse para un lapso determinado y la manera de modificarla en forma favorable, en caso necesario, mediante ofrendas y sacrificios; pero nada histórico se vislumbra en las inscripciones.**

La necesidad de registrar períodos de tiempo que alcanzaban hasta millones de días condujo al invento de un sistema numérico ingenioso, sobre base vigesimal y utilizando la posición de los valores

*Pese a que los resultados obtenidos por Knorozov sean todavía muy discutidos y parcialmente rechazados por los epigrafistas, parece que no deben descartarse por completo y que cierto número de jeroglíficos son fonéticamente interpretables. Más recientemente (1960-1961) un grupo de matemáticos rusos utilizaron máquinas electrónicas para el desciframiento de los códices mayas. En principio el uso de tales máquinas para la investigación lingüística es aceptado, pero los resultados son muy discutibles y fueron criticados por competentes mayistas como Barrera Vásquez e incluso Knorozov.

**Investigadores como Proskouriakoff y Berlin han sugerido recientemente interpretaciones históricas de ciertos grupos de jeroglíficos esculpidos en monumentos.

"ALFABETO" DE LANDA

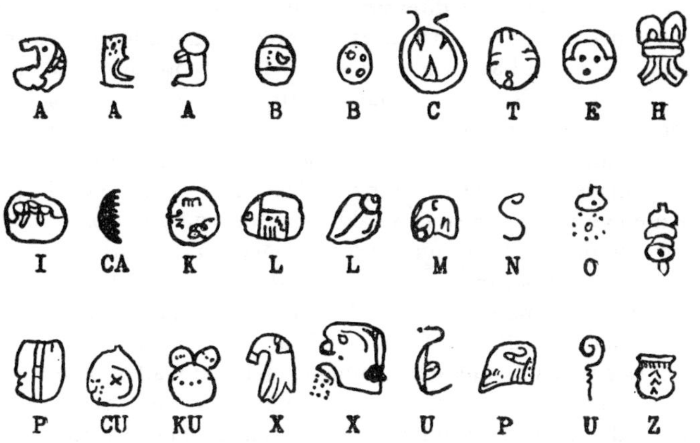

JEROGLIFICOS FONETICOS

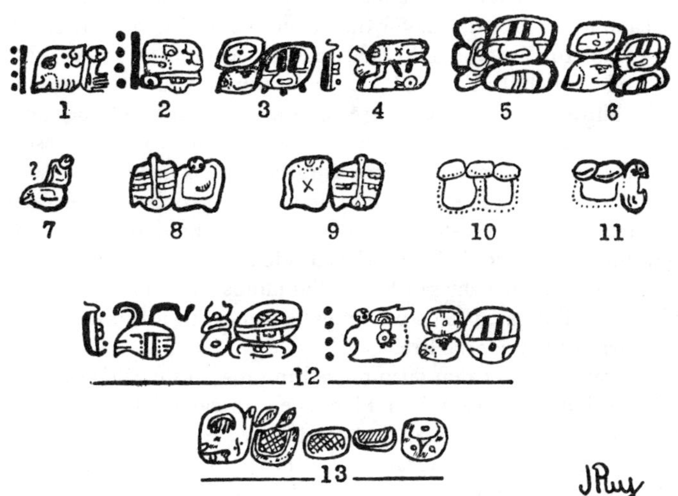

LÁM. 8. *"Alfabeto" de Landa.*

Jeroglíficos fonéticos según Thompson (1-6), Knorozov (7-12), Kelley (13): 1-2) Bolon Yocte (deidad); 3-4) Kintun yaabil u cuch (sequía es su carga); 5-6) Yaxhaabil Kintunyaabil (sequía para el año nuevo); 7) Buluc (once); 8) Tzul (perro); 9) Cutz (pavo); 10) Kuk (quetzal); 11) Kuch (zopilote); 12) U poc ti chaan Can Moo Kintun (el fuego de la guacamaya en el cielo: sequía); 13) Kukupacal (nombre de valeroso capitán itzá).

para formar órdenes de diferentes magnitudes, sistema que implicaba la concepción del cero y su uso como cantidad matemática. Este invento, una de las hazañas intelectuales del hombre, precedió en varios siglos al del sistema decimal nuestro, también basado sobre la posición de valores y el concepto del cero, que realizaron los hindúes y que transmitieron por conducto de los árabes a la cultura occidental. La representación de los números del primer orden se hacía generalmente mediante puntos con valor de la unidad y barras con valor de cinco, teniendo el cero un signo especial (una concha). Los números de órdenes superiores se escribían con los mismos elementos, colocados en columna, cada grupo de signos valiendo veinte veces más que el grupo inmediato inferior.

Con este sistema, alterado solamente en las unidades del tercer orden (con valor de dieciocho en vez de veinte), los mayas pudieron edificar su calendario. La unidad era el día (kin); 20 kines formaban un "uinal" y 18 uinales un "tun", es decir, un año incompleto de 360 días; 20 tunes equivalían a un "katún", y 20 katunes a un "baktun", ciclo de cerca de 400 años. Aunque las fechas generalmente no abarcaban períodos de mayor duración, los mayas registraban también el "pictun", igual a 20 baktunes, el "calabtun" igual a 20 pictunes, el "kinchiltun" igual a 20 calabtunes, y el "alautun" o sea 20 kinchiltunes, es decir veintitrés billones cuarenta millones de días, aproximadamente sesenta y tres millones de años. Por supuesto que tales cálculos no se necesitaban para fijar fechas históricas, e incluso la fecha que marcaba el principio de la Era quedaba completamente afuera de su marco histórico, ya que las inscripciones más antiguas dejan un lapso vacío de 3 400 años desde tal inicio. Las inscripciones mayas suelen comenzar por lo que llamamos cuenta larga o serie inicial, la que indica cuántos baktunes, katunes, tunes, uinales y kines transcurrieron desde la Era.

Sin embargo, el calendario no se limitaba a este cálculo. En efecto, las fechas se computaban además en un calendario ritual de 260 días, en el calendario solar de 365 días, y de acuerdo con las fases lunares. El calendario sagrado o *tzolkin* se forma de la combinación de los 20 días del mes con números del 1 al 13, y se repite sin interrupción independientemente del calendario solar. Su importancia era enorme ya que servía de base a los horóscopos que regían todos los actos de la vida del maya, empezando por su nacimiento. La divinidad patrona del día en que nacía se convertía en su ángel de la guarda, y si la desgracia lo hacía venir al mundo en un día nefasto, el sacerdote indicaría la manera de neutralizar la mala influencia. Este calendario se utiliza todavía en pueblos de las tierras altas de Guatemala y, como en los tiempos antiguos, se toma en consideración tanto para las siembras, cosechas y demás faenas agrícolas, como para los nacimientos y matrimonios.

El calendario solar de 365 días se componía de los 18 meses de 20 días del tun ya mencionado, más un mes adicional de 5 días, los que se consideraban nefastos. El astrónomo maya sabía que el año solar no era exactamente de 365 días, por lo que al registrar una fecha dada se indicaba mediante un cálculo que llamamos "serie secundaria" la corrección que debía hacerse para que la fecha estuviese en concordancia con el tiempo verdaderamente transcurrido según el sol. Se restaba por lo tanto un número de años, meses y días de la serie inicial, puesto que el calendario de 365 días era demasiado corto y por lo tanto adelantado al año solar. Los cálculos de los sacerdotes mayas llegaron a tal grado de precisión que su corrección calendárica resulta un diezmilésimo de día más exacta que la que se hace con la intercalación del año bisiesto en nuestro calendario.

Habiendo observado que la revolución de la luna alrededor de la tierra era más o menos 29 días y medio, los mayas establecieron un calendario lunar en el que las lunaciones están calculadas alternativamente en 29 y 30 días, salvo cuando se necesitaba corregir el error acumulado que tal cálculo implicaba, lo que se hacía interpolando un mes extra de 30 días. Las inscripciones registran casi siempre el número de días transcurridos desde la última luna (probablemente desde el novilunio), la duración del correspondiente mes lunar y el número de lunas transcurridas en el medio año lunar, ya que dividían el año lunar en dos grupos. Es obvio que al registrar una fecha dada en estos diferentes calendarios se obtenía una fórmula cronológica de una precisión absoluta. Sin embargo, no siempre se empleaba este sistema, y en Yucatán en la época de la Conquista española se utilizaba otro, que llamamos "cuenta corta", en que una fecha no queda situada en términos de tiempo absoluto sino dentro de un ciclo de cerca de 260 años. Tal sistema era suficiente para las necesidades del momento, pero a distancia no nos permite saber con exactitud el lugar que una de esas fechas abreviadas ocupa en la cuenta larga.

La preocupación del maya antiguo por fijar en centenares o millares de inscripciones el transcurso del tiempo es, sin duda, una de sus más peculiares características culturales. Hemos hablado ya de la aplicación práctica por los sacerdotes del manejo de los calendarios, en una mezcla de astrología y numerología que les permitía establecer predicciones para todos los aspectos de la vida colectiva e individual, supeditándolo todo a la influencia de las deidades que regían no sólo los períodos cronológicos sino los números mismos. El tiempo era para ellos una especie de ronda en que varias series de dioses (los días, los meses y demás períodos, los números, los astros), giraban eternamente combinándose en cada instante sus respectivas influencias. para determinar el destino humano. Como lo dijimos ya, la posesión de la clave del tiempo tenía que ser el instrumento más poderoso de dominio en manos del sacerdocio dentro de una sociedad dirigida por una teocracia. La vida del maya dependía en todos los instantes de la interpretación que el sacerdote daba al paso del tiempo.

Pero por otra parte se tiene la impresión de que en su afán de controlar por razones prácticas el paso del tiempo, el sacerdote maya cayó en su propia trampa y quedó fascinado, a la vez asombrado, maravillado y espantado, al descubrir con los secretos del cosmos la eternidad del tiempo y lo infinitesimal del hombre. Su preocupación por el paso del tiempo debió convertirse en una verdadera filosofía.

Es evidente que tal filosofía implicaba una actitud fatalista, aunque existía siempre la posibilidad de intentar la transformación de un presagio infausto en realidad benéfica, mediante ofrendas y sacrificios, y si el intento fallaba era por supuesto porque así lo habían decidido los dioses. Además, se desprende del contenido de los libros sagrados que los mayas, como los aztecas, creían que el mundo podía nuevamente ser destruido como lo había sido varias veces con anterioridad, y en manos de los sacerdotes quedaba la suerte de la humanidad ya que ellos podían descifrar en los misterios del cielo los signos anunciadores de la tragedia cósmica y posiblemente impedirla. La entrega del hombre a la religión era pues ineludible y absoluta. Esa religión aprisionaba la cultura y sus fuerzas potenciales en un círculo cerrado, ya que en su ronda eterna los ciclos cronológicos volvían incesantemente a crear las mismas circunstancias astrológicas causantes a su vez de los acontecimientos humanos.

Una pregunta que no puede dejar de surgir en relación con la cultura maya es: ¿cómo pudo acabarse en forma tan repentina? Varias respuestas han sido esbozadas: cambios climatológicos, catástrofes telúricas, epidemias y plagas, agotamiento intelectual y decadencia social, crisis económica y desorganización política, invasiones extranjeras y trastornos sociales. La hipótesis de los cambios climatológicos que hubieran hecho del área maya una región excesivamente húmeda, al grado de que la selva creciera demasiado rápidamente e impidiera toda labor agrícola, ha sido abandonada desde hace tiempo puesto que ninguna huella de posibles cambios importantes en el clima ha sido observada. En cuanto a posibles terremotos, si bien es cierto que ocurren con frecuencia en Guatemala y Chiapas, por otra parte grandes zonas del país maya, como son las tierras bajas del Petén, el litoral atlántico y la península yucateca, quedan absolutamente fuera de la región afectada por los sismos.

Las plagas agrícolas y las epidemias pueden y deben haber ocurrido, pero no está probado que el paludismo y la fiebre amarilla, que se dijo pudieron haber determinado las migraciones en masa y la desaparición de grandes núcleos de población, existieran en América antes de la Conquista, siendo por el contrario probable que fueron importados por los españoles. El agotamiento intelectual es un hecho que se refleja en las manifestaciones artísticas de los últimos tiempos del período clásico, pero no en un grado suficiente como para explicar el repentino derrumbe de la cultura maya; es evidente indicio de una incipiente decadencia pero no puede tomarse como causa y sobre todo como causa decisiva.

Morley propuso como causa fundamental el colapso agrícola, debido a la técnica de cultivo que por los repetidos desmontes y quemas de extensiones cada vez mayores, hubiera transformado los bosques primitivos en sabanas impropias para la agricultura. Sin embargo, no debe olvidarse que hay en el área maya muchas regiones cuyo suelo feraz está constantemente fertilizado por inundaciones, y otras en que la precipitación pluvial es tan abundante que al poco tiempo de quedar abandonado un terreno después de varios años de cultivo intensivo, es de nuevo el bosque alto el que vuelve a surgir sin que se produzcan sabanas.

Como lo recalcó Thompson, se ha confundido erróneamente la cesación de inscripciones y de construcciones con el abandono de un sitio, como si la vida se hubiera vuelto en éste de repente insostenible. En realidad, sabemos por los vestigios que encontramos en la exploración de los centros arqueológicos que la ocupación proseguía, aunque las actividades culturales se habían detenido. Se sabe también por los cronistas y por el viaje de Cortés a las Hibueras, que en el siglo XVI numerosos centros de población existían en el área maya, algunos densamente poblados, aunque su cultura no sería más que un pálido reflejo de la época clásica. Debe por lo tanto tratarse de explicar las posibles causas del ocaso propiamente cultural y no la desaparición del pueblo maya que nunca ocurrió.

Es probable que la concomitancia de causas internas —económicas, políticas y sociales— y externas —presión o invasión de grupos extranjeros—, haya determinado el colapso cultural. Es evidente que existía una contradicción orgánica insoluble entre las posibilidades limitadas de una técnica agrícola atrasada y el desarrollo creciente de la población. Esta contradicción iba agravándose con el peso cada vez mayor de las clases no productivas sobre el campesinaje. El incremento en la construcción de centros ceremoniales, la mayor complejidad del ritual, el aumento del número de sacerdotes y guerreros, hacían más y más difícil que la producción agrícola bastara para toda la población. El pueblo trabajador debió resistir durante generaciones la creciente opresión, puesto que la fe en los dioses y la obediencia a sus representantes tenían hondas raíces en la mentalidad indígena, pero es probable que la presión llegó a tal grado que se produjo la rebeldía campesina en contra de la teocracia, una especie de *jacquerie* como en la Francia del siglo XIV, o como dice Thompson de *squarsons,* como ocurrió en Inglaterra durante el siglo XVIII. Es probable también que estos acontecimientos coincidieran con una mayor presión externa, ya que la época en que parece paralizarse la cultura maya es la misma que marcan migraciones de pueblos del altiplano mexicano, los cuales sufrían también trastornos internos y estaban empujados hacia el Sur por olas de tribus aún bárbaras procedentes del Norte. Esas migraciones produjeron una desarticulación de los grupos ubicados en su camino y una verdadera reacción en cadena que debió contribuir a que se encendiera la chispa de la rebeldía campesina.

Por supuesto que es difícil saber la verdad en vista de que ninguna fuente histórica pudo captarla y que sólo nos esforzamos en deducirla de vestigios arqueológicos, de acontecimientos más tardíos que ofrecen paralelismos en la historia del norte de Yucatán, y de una elemental comparación con los sucesos de la historia universal. Pero es evidente, como dijo Armillas, que "las probabilidades de que culturas de este tipo (nosotros agregaremos la maya en particular) —enormes superestructuras sobre fundamentos tecnológico-económicos insuficientes— sobrevivan a crisis socieconómicas graves, parecen ser muy pocas". En los casos en que como en el centro de México otras civilizaciones menos elaboradas, estratificadas y especializadas que la maya resolvieron sus crisis mediante la fusión (impuesta por cierto) con pueblos nuevos y vigorosos, invasores semibárbaros carentes de organización definitiva y con posibilidades de asimilar otra cultura inyectándole sangre e impulsos nuevos, en tales casos nacieron nuevas sociedades que lograron desarrollar culturas peculiares como la tolteca y la azteca.

Pero al rebelarse contra la minoría teocrática que lo oprimía, el pueblo maya destruyó el núcleo rector de su cultura, sin que otros pueblos trajeran nuevos impulsos y patrones diferentes para la elaboración de otra cultura, salvo en el norte de Yucatán y en los altos de Guatemala en donde la llegada de los toltecas prolongó la vida cultural renovándola, como ya lo hemos dicho. Los grandes centros ceremoniales de las provincias centrales dejaron casi bruscamente de registrar inscripciones (fin del siglo IX), interrumpieron su actividad constructiva y su creación artística, pero la población siguió viviendo durante siglos en las ruinas de los templos, volviendo a un ritual sencillo, doméstico, como en los tiempos remotos de la época formativa, y como se observa aún entre los lacandones de la selva chiapaneca. Al faltar sus dirigentes, aun su actividad fundamental, el cultivo, fue menguando y limitándose a lo estrictamente indispensable. La selva no tardó en apoderarse de nuevo de los centros ceremoniales y de las milpas, acorralando al hombre. A la llegada del hombre blanco, en una enorme extensión que habían ocupado los mayas, sólo vagaba el fantasma de la cultura más brillante que había conocido la América prehispánica.

Bibliografía

Barrera Vásquez, Alfredo

1948 *El Libro de los Libros de Chilam Balam.* Fondo de Cultura Económica. México.

1962 Investigación de la escritura maya con máquinas electrónicas: síntesis y glosa. *Estudios de cultura maya*, vol. II, UNAM. México.

Berlin, Heinrich

1961 El glifo *emblema* en las inscripciones mayas. Inst. de Antropología e Historia, vol. XIII-2. Guatemala.

Códices mayas

1930 Edición J. Antonio y Carlos A. Villacorta. Guatemala.

Kelley, David

1962 Fonetismo en la escritura maya. *Estudios de cultura maya*, vol. II. UNAM. México.

Knorozov, Yuri

1956 *La escritura de los antiguos mayas,* Instituto Cultural Mexicano-Ruso. México.

Landa, Diego de

Relación de las cosas de Yucatán.

1938 (Edición H. Pérez Martínez). México.

1959 (Edición Porrúa). México.

Los mayas antiguos

1941 (Edición Colegio de México). México.

Memorial de Sololá, o Anales de los Cakchiqueles
1950 (Introducción y notas de Adrián Recinos). Fondo de Cultura Económica. México.

Morley, Sylvanus G.
1947 *La civilización maya.* Fondo de Cultura Económica. México.

Popol Vuh, Las Antiguas Historias del Quiché
1947 (Traducción y notas de Adrián Recinos). Fondo de Cultura Económica. México.

Proskouriakoff, Tatiana
1960 Historical implications of a pattern of dates at Piedras Negras, Guatemala. *American Antiquity*, vol. 25, núm. 4. Salt Lake City.

Sanders, William
1962 Cultural Ecology of the Maya Lowlands. *Estudios de cultura maya*, vol. II. UNAM. México.

Stephens, John
1937 *Viaje a Yucatán 1841-1842* (traducción castellana de Justo Sierra O'Reilly). México.

1949 *Incidents of travel in Central America, Chiapas and Yucatan.* Rutger University Press. New Brunswick.

Thompson, J. Eric
1959 *Grandeza y decadencia de los mayas.* Fondo de Cultura Económica. México.

Willey, Gordon
1956 *Problems concerning prehistoric settlements patterns in the Maya lowlands.* Wenner Gren Foundation for Anthropological Research. New York.

III. ARTE MAYA

En el capítulo anterior esbozamos un esquema histórico del pueblo maya y un cuadro general de su cultura del que omitimos intencionalmente el aspecto artístico pensando que bien podía dedicársele un capítulo entero. En el intento de reconstrucción histórica nos referimos a cuatro períodos:

I.—Formativo o preclásico (desde quizá un milenio antes de nuestra Era hasta el siglo IV d.C.), del que se tiende ahora a separar los últimos tres o cuatro siglos, considerándolos como un Protoclásico transicional.

II.—Clásico (del siglo IV al X d.C.), dividido en una fase temprana —hasta fines del siglo VI— y otra tardía.

III.—Tolteca (de fines del siglo X hasta mediados del XIII d.C.).

IV.—Decadente (desde mediados del siglo XIII a la Conquista española).

En el cuadro cultural trazado a grandes rasgos en el capítulo anterior, procuramos hacer resaltar el grado de civilización alcanzado por los mayas, el que se reflejaba en su recia organización política, su división en clases sociales bien diferenciadas, sus adelantados conocimientos astronómicos, su escritura, su calendario, su religión elaborada. Insistimos particularmente sobre el carácter omnipotente de la religión que era a la vez el poder político, el absoluto dominio espiritual y la sabiduría al servicio de los dogmas. Aunque es innegable que la civilización maya nació del mismo tronco común a los demás pueblos mesoamericanos, que una misma savia étnica la alimentaba, que la vida material del hombre maya, zapoteca y teotihuacano se deslizaba por sendas semejantes, que muchos de los conceptos fundamentales de su ideología eran los mismos, es evidente que la cultura maya llegó a diferenciarse extraordinariamente de las demás. Así también su arte, tan peculiar que a veces se siente totalmente extraño al arte mesoamericano, en la medida en que éste puede considerarse en conjunto.

Buscar las causas que orientaron a un arte en una dirección dada y que le dieron su esencia propia es tarea difícil y peligrosa ya que entraña el problema de la génesis misma de la expresión artística, problema complejo, de múltiples incógnitas, para el que se han propuesto muchas soluciones y que en realidad sigue escapándose a las redes de la investigación.

Es evidente que si el arte maya adquirió perfiles tan propios se debe en parte a la homogeneidad étnica del pueblo que lo creó, a aptitudes congénitas y al relativo aislamiento geográfico en que vivió durante varios siglos, libre de fuertes influencias externas y de fusiones con otros pueblos, haciéndose la debida salvedad en cuanto a lo que ocurrió en el norte de Yucatán y en los altos de Guatemala en la época tolteca. La estructura político-social perfectamente estabilizada es otro factor que debe haber contribuido a la inalterabilidad y perduración de las normas estéticas. El medio tropical, fascinador y exuberante pudo agudizar la sensibilidad del artista maya, despertar su fantasía y sensualidad, imprimiendo en su mente la agitación febril de la selva, las vibraciones sutiles de luz y sombras, el despilfarro de los colores, el capricho de las formas.

Pero es probable que a través del estudio del carácter de su religión podamos acercarnos un poco a las raíces del arte maya. Es obvio que se trata de un arte religioso como todo el arte de Mesoamérica, nacido de la necesidad de expresar en figuras los conceptos religiosos para ponerlos al alcance de los creyentes, ya que para la mentalidad mágica del indígena la representación de la divinidad era realmente la divinidad, y mediante esa representación podía invocar la ayuda divina. Sin embargo, si lo comparamos con el arte del altiplano mexicano, el azteca por ejemplo, resalta el espíritu diferente que lo anima.

> El arte azteca —como escribí en otra oportunidad—* refleja como ningún otro la lucha ineludible y estéril en la que el hombre trataba de asegurar con la muerte la continuidad de la vida. La presencia de la muerte en el arte mexicano nace de la afirmación de su instinto vital. La existencia del cosmos estaba constantemente amenazada por la lucha entre dioses rivales; tremendos cataclismos habían acabado con anteriores humanidades y los terremotos acechaban a la de entonces; el fin de cada ciclo de 52 años podía marcar el término de la vida colectiva; todo en el universo era combate cruel y mortal, y se hizo preciso que los hombres muriesen para que los dioses viviesen... Se comprende entonces que cuando el azteca aparece en el arte de México, generalmente envuelto en los complejos atributos de los ritos, es casi siempre su máscara de indiferencia a la vida y a la muerte que elaboró en el autosacrificio, única defensa que en la soledad de su corazón viril el mexicano forjó con su propio dolor.

* Universalidad, singularidad y pluralidad del arte maya. (*México en el Arte*, núm. 9. México, 1950).

Un aire más amable se respira en el arte maya, aunque su religión también estaba basada sobre el antagonismo entre los dioses y preveía la posibilidad de catástrofes que destruyeran a la humanidad. En nuestro capítulo anterior sobre cultura maya en general, insistimos sobre el extraordinario predominio del sacerdote maya, quien, gracias a sus conocimientos astronómicos y matemáticos transformados en esotérica mezcla de astrología y numerología, podía alterar los designios originales de los dioses volviendo benéficos los augurios nefastos. Dijimos cómo el sacerdote, conocedor del curso de los astros, que podía predecir eclipses y otros fenómenos siderales y anunciar el principio de las lluvias, llegó a ser considerado como el promotor de estos fenómenos. Esa identificación del mediador con la deidad, ese poder sobrenatural del sacerdote para mover a voluntad sobre el tablero de su ciencia mágica a los dioses números, los dioses astros, los dioses del tiempo, en busca de combinaciones favorables, debe haber conducido, cuando menos en las regiones centrales, en donde alcanzó su máximo desarrollo el culto cronológico, a una glorificación del sacerdocio, por lo que, como dice Westheim, "lo que el arte maya refleja en forma tan fascinante y a veces con tanto preciosismo es el espíritu de este feudalismo clerical".

En efecto, lo que se percibe desde la primera impresión en el arte maya es la presencia del hombre, el sacerdote, el gran señor, el guerrero, la mujer, el prisionero, el esclavo, y aun cuando son conceptos mitológicos o filosóficos los que se expresan, es con frecuencia a través de la figura humana, reproducida con realismo. Esta tendencia a apartarse de lo meramente simbólico, o a humanizar el símbolo, marca al parecer una preocupación ya de esencia estética. Se ha tratado de negar en forma absoluta que el arte mesoamericano pudiera reflejar algo más que conceptos mágico-religiosos. Tal actitud nos parece demasiado simplista. La creación artística tiene sus leyes propias que actúan detrás de la voluntad de expresión. El arte religioso, en escala universal, muestra cómo, sin salirse del tema y de las intenciones, el artista suele dejar que corra su inspiración en el adorno, la modulación y el ritmo, productos de su propio temperamento. Existe indudablemente en el arte maya algo de este factor individual en gran parte constreñido por las normas ideológicas, pero que explicaría la fantasía en la composición y el detalle, la libertad y sutileza del trazo, la elegancia de los movimientos, la delicada sensibilidad de las formas.

Nos estamos refiriendo al arte maya como a una unidad, cuando en realidad presenta diferentes estilos, algunos muy cercanos entre sí, otros, por el contrario, bastante disímiles. Hasta la fecha no se ha podido definir una evolución muy precisa del arte maya y es más factible estudiarlo en sus variantes espaciales que por etapas. En líneas generales pueden reconocerse dos grandes grupos estilísticos: uno que abarca las grandes ciudades centrales ahora perdidas en la selva húmeda y casi impenetrable del Petén de Guatemala, Belice y en México, Chiapas, Campeche, Quintana Roo y parte de Tabasco, tales como Tikal, Palenque, Yaxchilán, Piedras Negras, Quiriguá, Calakmul y Bonampak; y otro que corresponde a los numerosos sitios esparcidos en los montes bajos, matorrales y llanuras semiáridas del norte de Yucatán, como Chichén Itzá, Uxmal, Kabah, Sayil, Labná.

Creemos que tratándose de una misma cultura elaborada más o menos simultáneamente por un mismo pueblo, con los mismos conocimientos técnicos y científicos, en las mismas creencias espirituales y dentro del marco de un mismo sistema político-social, las diferencias de estilo que presentan ambas regiones deben en gran parte reflejar las diferencias de hábitat. Sin embargo, es probable que el factor ambiental no haya sido el único y que el carácter de la religión en ciertos aspectos diferentes haya repercutido en la expresión artística. A juzgar por la menor frecuencia y elaboración de las inscripciones cronológicas en el norte de Yucatán, puede decirse que el culto al tiempo no alcanzó allí el grado obsesionante que se observa más al sur, y que en consecuencia no se desarrolló ese "feudalismo clerical" de que habla Westheim. Quizá por esto no aparezca más que raramente la figura humana en Yucatán (exceptuando el período tolteca con su invasión de guerreros en el arte de Chichén-Itzá), como si el poder sobrenatural hubiera permanecido más en manos de los dioses que en las de sus representantes, quedando el arte más apegado al símbolo y careciendo por otra parte de la fantasía exuberante que resalta en el arte de la región selvática.

Trataremos ahora de ilustrar estas ideas generales con ejemplos concretos tomados de los diferentes modos de expresión: arquitectura, escultura, modelado, cerámica, pintura y lapidaria, mostrando lo que las diferentes regiones tienen en común y lo que las distinguen.

ARQUITECTURA

Los edificios que encontramos en las ciudades mayas son los que se utilizaban para los servicios religiosos y civiles y para residencia de señores principales y sacerdotes. El resto de la población vivía alrededor del centro ceremonial en chozas de palos con techo de palma idénticas a las de sus actuales descendientes (Fig. 1). La construcción del edificio de piedra se hizo sobre el modelo de la choza, por lo que muchos de los rasgos de ésta han sobrevivido en templos y palacios.

La típica bóveda maya, formada por el progresivo acercamiento de los muros mediante la superposición de piedras cuyas filas sobresalen una de la otra, reproduce la fuerte inclinación del techo de paja necesaria para que las lluvias tropicales no penetren en el interior. El mismo origen tiene el friso inclinado en los edificios más antiguos.

La fachada de los edificios se componía, como en las órdenes clásicas de la arquitectura griega, de basamento, muros o pilares, arquitrabe, friso y cornisa; pero el techo remataba frecuentemente en una forma original, con un alto muro (crestería) que le servía de adorno (Fig. 2). Los edificios comprendían palacios, templos, adoratorios, juegos de pelota, observatorios, plataformas para ritos o danzas, puentes, acueductos, tumbas, así como terrazas y pirámides escalonadas.

Un ejemplo de palacio es el de Palenque, con su enorme conjunto de galerías agrupadas alrededor de cuatro patios, en uno de los cuales se alza una singular torre de planta cuadrada que debió servir para observaciones astronómicas y para vigilar la comarca (Fig. 3). En una época tardía, las galerías fueron divididas en cuartos y los patios cubiertos por habitaciones probablemente a causa de un excesivo aumento del número de sacerdotes que no cabrían ya en las celdas del anexo conocido bajo el nombre de "los Subterráneos".

Los templos están siempre edificados sobre una pirámide que imita al cerro, algunas muy altas como las de Tikal (Fig. 4), lugar sagrado por excelencia por ser residencia de los dioses; el templo suele componerse de una antesala o pórtico y del santuario en que se encontraba la representación de la deidad. En los edificios más antiguos la decoración estaba generalmente limitada a la crestería, luego pasó al friso y a los pilares.

Durante mucho tiempo se pensó que la cultura maya había llegado al norte de Yucatán en una época tardía después del abandono de las ciudades del área central, a cuyo conjunto se llamaba Viejo Imperio. Sabemos ahora que la cultura maya se desarrolló en forma más o menos paralela y simultánea en todo su territorio. El Palacio de Kabah (Fig. 5), importante ciudad del norte de Yucatán, muestra algunos de los rasgos antiguos de la arquitectura maya, como el friso inclinado y la crestería, pero muestra además unas columnas que no se utilizaron en las provincias centrales.

En edificios de la península de Yucatán, tales como los templos mayores de Sayil, Labná y Edzná (Fig. 6), y los llamados Templos del Cementerio y de La Vieja en Uxmal, el friso ya no está inclinado sino vertical, pero aún sin decoración puesto que ésta se aplicaba sobre la crestería bajo forma de esculturas y relieves de estuco. Estos edificios se consideraban como típicos de un supuesto Nuevo Imperio que se hubiera producido en Yucatán después del abandono del Viejo Imperio en el Sur. En realidad, se trata de una variante peninsular del estilo clásico maya.

En Chichén-Itzá existe el mismo estilo del que la llamada Casa Colorada es un ejemplo (Fig. 7). El friso vertical no lleva decoración, pero sí la crestería que aquí es doble, uno de sus muros descansando sobre la parte central del edificio y otro sobre la fachada.

En Uxmal el importante conjunto arquitectónico llamado El Palomar presenta una crestería cuya silueta escalonada y calada originó el nombre popular del edificio (Fig. 8). Estas cresterías se construían con numerosas aberturas para no pesar demasiado sobre los edificios y no ofrecer excesiva resistencia al viento.

En la arquitectura del norte de Yucatán se ha dado el nombre de estilo del Puuc al de los centros situados entre las colinas de la ''sierra'' (*puuc* en maya), tales como Uxmal, Kabah, Sayil y Labná. Los edificios yucatecos de los que hemos hablado hasta este momento corresponden a una fase más bien antigua de tal estilo, el que evolucionó lentamente con las siguientes tendencias: desaparición de la crestería, traslado de la ornamentación al friso, sustitución de esculturas y relieves de estuco por elementos de piedra colocados como mosaico para formar motivos geométricos y mascarones, uso de columnas. El majestuoso Palacio de Sayil, con sus tres pisos, conserva todavía las columnas que desaparecerán durante el apogeo del estilo Puuc, o se utilizarán solamente como motivos ornamentales (Fig. 9).

El templo denominado de Las Tortugas, en Uxmal, es un ejemplar de un tipo de pequeños edificios que encontramos en casi todas las ciudades de esa región, y cuya decoración consta casi exclusivamente de columnillas. Este templo recibió su nombre por las representaciones de tortugas empotradas en la cornisa (Fig. 10).

El Arco de Labná forma la entrada a un patio rodeado por edificios. Es una de las obras maestras de los arquitectos yucatecos por sus proporcionadas dimensiones, la armoniosa disposición de sus masas, la elegante línea de su bóveda, su decoración bien dosificada y combinada en la que resaltan las chozas campesinas que servían de nichos para los ídolos, y la greca escalonada (Fig. 11).

El Templo de los Tres Dinteles en Chichén-Itzá es un magnífico ejemplo del estilo Puuc transportado bastante lejos de su área. La decoración hábilmente compuesta queda limitada al friso y consta de grupos de columnillas sobre un fondo de fajas entretejidas que llamamos celosía; en las esquinas el mascarón del dios de la lluvia no podía faltar (Fig. 12).

En contraste con esa sobriedad, el edificio de Chichén-Itzá llamado La Iglesia muestra una fase transicional entre las construcciones más antiguas provistas de cresterías y las posteriores en que el friso fue recargándose de adornos. Aquí tenemos una síntesis de ambos estilos, con la cretería y un friso profusamente adornado con grecas y mascarones (Fig. 13).

El Cuadrángulo o Casa de las Monjas en Uxmal puede considerarse como la culminación del estilo del Puuc. Es un hermoso conjunto con edificios que circundan un amplio patio (Fig. 14). Los motivos ornamentales son casi todos geométricos, abundando entre ellos los mascarones del dios de la lluvia. En una de las fachadas aparece, interrumpiendo la típica decoración maya de la región Puuc, la serpiente emplumada, elemento extraño a esta decoración y que suponemos haya sido añadido en una época tardía cuando las influencias toltecas reinaban en el norte de la península (Fig. 15).

Otro edificio de Uxmal en el mismo estilo es el Palacio del Gobernador, estructura de cien metros de largo construida sobre una plataforma que a su vez se alza sobre amplísima terraza. Las proporciones del edificio y la distribución de los motivos decorativos —máscaras de Chaac y grecas escalonadas sobre un fondo de celosía— confieren al conjunto gran majestuosidad y elegancia (Fig. 16).

El llamado Templo del Adivino, también de Uxmal, es uno de los más extraños edificios mayas. Su imprevisto aspecto se debe a que no se trata en realidad de una sola construcción sino de varias superpuestas que corresponden a varias épocas y estilos. Podemos contar cinco templos encimados, lo que nos proporciona una secuencia de los estilos arquitectónicos (Fig. 17).

Uno de los templos del Adivino no corresponde al estilo Puuc de la región, sino a otro estilo yucateco, que llamamos de los Chenes porque su centro es la región en que muchos pueblos llevan un nombre terminado en *chen*, es decir, pozo en maya. Ambos estilos fueron más o menos contemporáneos. El estilo Chenes se caracteriza por la decoración que no queda restringida al friso sino que abarca toda la fachada, la que en conjunto representa un enorme mascarón del que la boca coincide con la entrada. Tenemos aquí un ejemplo del horror al vacío propio de lo que han llamado estilo barroco. El templo de Hochob es quizás el más típico ejemplar de este estilo (Fig. 18).

Otro edificio cuya fachada es de este mismo estilo, y que tampoco se encuentra en su zona original, es el llamado Anexo a las Monjas de Chichén-Itzá (Fig. 19). Aclararemos que el nombre de "Las Monjas" fue puesto por los españoles a varias construcciones mayas de numerosos cuartos que les recordaban a los conventos y porque existía la tradición de sacerdotisas entre los mayas.

Otro estilo de la península yucateca es el llamado de Río Bec, correspondiente a una región situada más al sur de los Chenes, en los límites entre el estado de Campeche y el Territorio de Quintana

Roo. Lo caracteriza la combinación de fachadas decoradas en el estilo de los Chenes, con torres laterales y a veces posteriores, cuyas escaleras exageradamente empinadas son inutilizables como tales, y cuyas plataformas superiores soportan templos simulados. Estas torres —meramente decorativas— se asemejan mucho a las pirámides escalonadas de Tikal. El sitio de Xpuhil es uno de los característicos del estilo de Río Bec (Fig. 20).

Hasta este momento los estilos que hemos presentado caen en el período clásico. El conocido edificio de Chichén-Itzá, El Caracol, marca posiblemente los primeros contactos culturales con los grupos del centro de México, en una época poco anterior al período tolteca. El Caracol es una torre de planta circular con una escalera en espiral que conduce a un pequeño cuarto de observación, ya que se trata de un observatorio astronómico (Fig. 21).

Los edificios más imponentes de Chichén-Itzá son del período tolteca. Sabemos por las crónicas, y se ha comprobado por las exploraciones arqueológicas, que hacia el año 1000 un grupo de sacerdotes y guerreros procedentes de Tula, la capital tolteca en el altiplano mexicano, emigró al territorio maya y se apoderó de Chichén-Itzá e impuso sus deidades, entre las cuales la más importante era Quetzalcóatl, la serpiente emplumada (en maya *Kukulkan*). El Templo de los Guerreros (Fig. 22) ofrece muchos de los rasgos toltecas: pórtico con columnatas, columnas en forma de serpientes emplumadas, pilares con representación de guerreros esculpidos y policromados, frisos de tigres y águilas comiendo corazones, figuras de "atlantes" sosteniendo un altar, portaestandartes, y la figura "hombre-pájaro-serpiente", símbolo de Quetzalcóatl.

El Juego de Pelota de Chichén-Itzá es uno de los edificios más grandiosos del México antiguo (Fig. 23). El juego se verificaba entre los dos grandes muros laterales, con tribunas encima de estos muros y en los extremos de la cancha. Por los cronistas sabemos que dos equipos contendían lanzándose y devolviéndose una pesada pelota de hule macizo y tratando de hacerla pasar por los anillos empotrados en los muros. No se podía tocar la pelota con la mano ni el pie, sino con los codos, las rodillas y las caderas. En uno de los bajorrelieves que adornan las banquetas, al pie de los muros, se reproduce una escena en que dos grupos de jugadores están frente a frente, separados por una enorme pelota que encierra una calavera; el jefe de uno de los equipos acaba de ser decapitado por el jefe del otro bando, posible representación de un rito sangriento asociado al culto de la fertilidad.

El Castillo de Chichén-Itzá comprende una majestuosa pirámide que sirve de basamento a un templo al que se llega por una escalera en cada lado (Fig. 24). Se supone que motivos cronológicos hayan determinado la distribución de ciertos elementos: cada escalera consta de 91 peldaños, lo que da 364 para las cuatro escaleras más la plataforma superior para completar el número de 365, equivalente a los días del año; cada fachada de la pirámide comprende 9 cuerpos escalonados que la escalera divide en dos, formándose así 18 secciones, número de los meses mayas y mexicanos; los muros de la pirámide presentan paneles resaltados cuyo número es de 52 en cada fachada, correspondiente al número de años en el calendario tolteca. Debajo del templo se descubrió otro más antiguo, pero también de la época tolteca; en su antecámara se halló una de las esculturas denominadas chacmool y en el santuario un trono en forma de jaguar del que hablaremos más tarde.

En la ahora desolada ciudad amurallada de Mayapán, se amontonaban en los siglos XIV y XV de nuestra era varios millares de construcciones, desde simples habitaciones hasta templos y palacios. Mayapán, después de vencer a los itzáes de Chichén, hacia 1250 d.C., conservó el poder político en Yucatán durante dos siglos, pero fue casi totalmente arrasada 80 años antes de la Conquista española. Su arquitectura y su escultura representan una imitación decadente de los monumentos toltecas de Chichén-Itzá.

Al mismo tiempo que la ciudad de Mayapán, floreció un importante centro ceremonial rodeado, como aquélla, de una muralla: Tulum, construido en la orilla del mar Caribe. Aunque se halló en el sitio una estela con una inscripción jeroglífica de fecha bastante antigua (564 d.C.), toda la cerámica es reciente (siglos XIII a XVI) y muy semejante a la de Mayapán. Algunos edificios, como el Castillo, muestran varias superposiciones arquitectónicas (Fig. 25). La arquitectura presenta rasgos peculiares de la costa oriental de Yucatán mezclados con elementos toltecas de tosca hechura. En la ornamentación ocupan un lugar destacado figuras de estuco en bulto redondo que representan una deidad descendente, concepto no maya conocido en el centro de México y la Huaxteca. Hay también pinturas murales cuyos temas y estilo se asemejan a los de los códices mayas y que recuerdan a ciertos códices mexicanos y mixtecas.

Escultura

Si la arquitectura maya ofrece diferencias bien marcadas entre los estilos de la región selvática y de los llanos yucatecos, esas diferencias se aprecian aún más en la escultura. En Palenque el empleo de la escultura como complemento de la arquitectura alcanza un grado notable; los relieves se encuentran en las plataformas y pirámides, en los basamentos de los templos, en las escaleras, en los pilares y muros, en los frisos y sobre las cresterías. Unos relieves del Palacio representan una serie de figuras humanas, algunas arrodilladas, ejecutadas con un realismo vigoroso que contrasta con la delicadeza de las demás manifestaciones artísticas de Palenque (Fig. 26).

Encontramos en 1949 debajo del escombro de un edificio del Palacio de Palenque un maravilloso tablero de piedra con 262 jeroglíficos y una escena de ofrenda. Personajes y glifos están esculpidos en un relieve muy bajo con la soltura de trazo, el sentido de la composición y la delicadeza y sobriedad que caracterizan el arte palencano (Fig. 27). Registrar fechas fue la meta principal de la escultura maya, y parece que la observación de los astros y la división del tiempo, en tramos precisos, hayan creado una verdadera mística del paso del tiempo que los sacerdotes astrónomos convirtieron en poderosa arma de dominio espiritual, utilizándola como clave mágica para el control de las labores agrícolas.

El gigantesco sepulcro que descubrimos en 1952 dentro de la pirámide del Templo de las Inscripciones, en Palenque, es probablemente una de las mayores hazañas de la escultura maya. La lápida que lo cubre mide 8 metros cuadrados, el sarcófago propiamente dicho es un bloque monolítico de 7 metros cúbicos y descansa sobre seis gruesos soportes también de piedra; todos estos elementos están esculpidos y representan motivos cronológicos y simbólicos ejecutados con gran maestría técnica (Fig. 28).

Para el arte delicado de Palenque, el estuco debió ser el material ideal. La ductilidad de la mezcla de cal era aún más apropiada que la piedra caliza para que el artista palencano expresara su sentimiento refinado y dejara en libertad su febril imaginación. En los relieves de estuco de los pilares del Palacio puede apreciarse la habilidad y el talento artístico del modelador de estuco palencano, particularmente sensible en el tratamiento de la figura humana. Algunos de estos relieves parecen representar escenas palaciegas, realizadas con gran delicadeza en un estilo "rococó" tropical, exuberante y caprichoso. Si la figura de pie no es la representación de un señor en actitud cortesana, es posiblemente la de un bailarín que esboza un paso de danza ritual. Es notable la elegancia de la actitud, la suavidad de los contornos, la perfección estética (Fig. 29).

En un estilo muy parecido al de Palenque ha sido esculpida la llamada Lápida de Jonuta, sitio arqueológico de Tabasco. Un sacerdote arrodillado presenta una ofrenda. La cara está estupendamente trazada y el estado de éxtasis religioso perfectamente expresado por la actitud y la mirada. En el conjunto de elementos que la acompañan (jeroglíficos, pájaros y otros motivos), la figura se destaca sobria y realista, exponente de un arte maduro, clásico (Fig. 30).

La región del Usumacinta fue cuna del más refinado arte escultórico de los antiguos mayas. En numerosos dinteles y estelas, ejecutados con gran maestría en bajorrelieve, nos dejaron escenas, personajes e inscripciones jeroglíficas que en algunos casos aluden sin duda a temas religiosos, pero que más frecuentemente se refieren a acontecimientos históricos en que resalta la figura omnipotente del jefe o sacerdote. Tal es el dintel núm. 3 de Piedras Negras, Guatemala (Fig. 31), en que asistimos a una importante reunión presidida por el *halach uinic*, y la estela núm. 11 de Yaxchilán, Chiapas, esculpida en ambos lados, en uno de los cuales aparece un sacerdote con su rico atavío, cuya cara, realizada en perfil, queda oculta por una máscara para los tres cautivos arrodillados frente a él (Fig. 32).

Es curioso que los artistas mayas hayan realizado muy raramente la escultura en bulto, limitándose más bien al bajorrelieve. Sin embargo, en Copán, Honduras, el escultor utilizó mucho el altorrelieve, desprendiendo casi completamente las figuras del plano de piedra. Logró además hermosas estatuas llenas de vigoroso realismo. En las estelas de Copán, la figura humana se pierde bajo la lujosa complejidad del atavío. Tal parece que lo importante no era reproducir los rasgos de los jerarcas sacerdotales, sino expresar su poderío, glorificar su rango mediante la representación preciosista de todos sus atributos y del menor detalle de su imponente vestuario (Fig. 33).

En Quiriguá, Guatemala, no lejos de Copán, la grandeza de los sacerdotes no se expresa en la minucia del tallado de la piedra, sino en las dimensiones a veces colosales de los monumentos, como se aprecia en la Estela "E", que mide más de 10 metros de altura y pesa unas 65 toneladas (Fig. 34).

Tal género de escultura casi se desconoce en el norte de Yucatán durante el período propiamente maya. No presenta el arte yucateco ni el realismo sobrio y delicado de Palenque y los centros del Usumacinta, ni la imponente autoglorificación de los grandes señores o sacerdotes de Copán y Quiriguá. La representación naturalista es rarísima y en su lugar encontramos un arte decorativo, parte integrante de la arquitectura. La flexibilidad ondulante de las formas en las ciudades de la región selvática, la desbordante fantasía aunada al realismo de sus representaciones, quedan sustituidas en el arte maya de la llanura yucateca por la abstracción geométrica, el simbolismo convencional, magistralmente adaptados a los propósitos arquitectónicos.

Los elementos ornamentales para las fachadas yucatecas se preparaban en series en una labor artesanal y colectiva antes de ser colocados en el mosaico de friso bajo la dirección del genial decorador que había ideado su composición. La ornamentación conserva elementos procedentes de la choza campesina de la que se derivó el templo: columnillas que evocan los postes de madera, paneles de fajas cruzadas que recuerdan colgaduras tejidas, sin contar la propia choza como la que se conoce en un friso de Uxmal (Fig. 35).

Esa decoración de los edificios yucatecos encierra naturalmente un sentido mágico-religioso, aunque algunos de sus motivos originados en símbolos pudieron llegar a ser simplemente ornamentales. Un elemento que no puede faltar en las fachadas es el mascarón del dios de la lluvia, de Chaac, cuya veneración es fácil de comprender en una región que carece de aguas superficiales y en la que la agricultura depende exclusivamente de las lluvias. Esta deidad se representa con rasgos geometrizados en los que se destaca la nariz en forma de trompa semienrollada que hizo pensar a un famoso explorador del siglo pasado que eran pruebas de que el elefante era conocido en América en aquellos tiempos (Figs. 12, 13, 15, 16, 18, 19, 20 y 22).

Mientras que generalmente el mascarón del dios de la lluvia sólo aparecía en las esquinas y encima de las puertas de los edificios, en el Palacio de Kabah conocido como el *Codz Pop* (nombre que significa "petate enrollado" y revela una interpretación popular de la nariz del Chaac) era toda la fachada la que estaba cubierta por mascarones, expresión dramática de la angustia en que vivían los campesinos yucatecos, ya que su propia existencia dependía de la lluvia (Fig. 36).

La decoración de las fachadas yucatecas en el período propiamente maya se reduce casi exclusivamente a un mosaico ingeniosamente compuesto de elementos geométricos, pero es frecuente encontrar alguna escultura de bulto empotrada en el friso encima de alguna puerta, la que pone una nota de realismo en la sinfonía abstracta de los símbolos. Una de estas esculturas, muy famosa aunque con una denominación totalmente arbitraria, es la llamada "reina de Uxmal", procedente de la puerta central de la estructura más antigua del Templo del Adivino. De las fauces abiertas de una serpiente surge una cabeza humana que decididamente no tiene nada de femenino, sino por el contrario, el ceño adusto y la boca desdeñosa de un sacerdote. Un tatuaje por escarificación adorna su mejilla y una diadema simulando placas de jade corona su cabeza (Fig. 37).

Los edificios de la época tolteca en Chichén-Itzá contienen numerosas manifestaciones que no podemos considerar como arte maya, ya que las conocemos como características de Tula, en el centro de México, que fue capital de los toltecas. Las principales son: guerreros en bajorrelieve sobre pilares y muros (Fig. 38); tigres y águilas comiendo corazones, también en bajorrelieve sobre tableros de pirámides y plataformas; serpientes emplumadas en forma de columnas (Fig. 39); estatuas de atlantes soportando mesas o altares (Fig. 40) y portaestandartes rematando alfardas de escaleras (Fig. 41).

Otras típicas realizaciones del arte tolteca que también proceden de Tula son numerosas esculturas de bulto que representan a una deidad recostada con las piernas dobladas y la cabeza mirando a un lado; un disco o plato sobre el vientre parece indicar que la estatua se utilizaba para recibir ofrendas (Fig. 42). Un explorador del siglo pasado puso el nombre de "chacmool" a este tipo de esculturas, nombre totalmente inadecuado ya que significa tigre rojo. El error de Le Plongeon quizá se explique por la tradición de la existencia de un tigre rojo oculto en algún templo de Chichén-Itzá.

Tal tigre rojo fue efectivamente descubierto más tarde en el templo situado debajo del actualmente visible que se conoce como El Castillo. Se trata de un trono de piedra pintado de rojo en el que las manchas del jaguar están figuradas por placas de jade y sus ojos por bolas también de jade (Fig. 43). En la mitología maya y mexicana el jaguar está asociado al sol y particularmente al sol nocturno; se suponía que al ser tragado por la tierra al atardecer, el astro se convertía en un jaguar que andaba silencioso en las tinieblas de los bosques. El jaguar se convirtió en símbolo de realeza y por eso el trono del jefe estaba cubierto con la piel de un jaguar o tallado en forma de felino.

En los edificios toltecas de Chichén Itzá no era sólo la lluvia lo que se pedía a los dioses a través de los relieves, como en la época anterior a la llegada de los invasores del centro de México, sino sobre todo el líquido precioso por excelencia, la sangre humana obtenida mediante el sacrificio. Sobre plataformas que los mexicanos llamaban *tzompantli*, es decir, muros de cráneos, se veían en Tenochtitlán cuando llegaron los españoles largas filas de calaveras humanas ensartadas en postes, precisamente lo que representa en piedra el basamento de una plataforma de Chichén-Itzá (Fig. 44).

Cerámica

Se reconocen dos fases principales en la cerámica maya del período clásico, cuya secuencia ayuda a fechar los edificios en que se encontró. Entre los tipos de la fase más antigua conocida con el nombre de Tzakol, abundan platos pintados con una peculiar moldura basal y que pueden tener tres o cuatro soportes (Fig. 45).

En la fase Tepeu, más reciente, son frecuentes los vasos pintados con decoración policromada de motivos naturalistas, simbólicos, geométricos o jeroglíficos (Fig. 46); en el norte de Yucatán la cerámica pintada escasea y la decoración es más bien incisa, grabada o modelada (Fig. 47).

De barro también fabricaron los mayas, modelándolo o moldeándolo, figuras, figurillas y máscaras. Varios objetos de aproximadamente un metro de altura fueron encontrados en Palenque, cuya función no podemos asegurar ya que carecen de fondo pero que se asemejan a braseros hallados también en la misma región. Son idénticos al tocado elaborado que presentan ciertas figurillas o personajes de las estelas, tocado hecho por la superposición de varias caras o máscaras que alternan con representaciones animales y de seres mitológicos (Fig. 48).

El uso de figurillas de barro que simbolizan deidades abarcó toda Mesoamérica, y parece además obedecer a un propósito universalizado: el de un culto familiar en que las imágenes sagradas son veneradas en la intimidad del hogar. Tales figurillas se llevarían probablemente como ofrendas a los templos, se enterrarían en los campos de cultivo durante los ritos de siembra, y como lo hemos comprobado, acompañaban a los difuntos en la tumba.

Entre las figurillas mayas se reconocen deidades antropo y zoomorfas, sacerdotes, guerreros, jugadores de pelota, mujeres, etc. La técnica de fabricación puede ser el modelado o el moldeado, y muchas de las piezas conservan huellas de pintura.

Las figurillas de Jaina, pequeña isla sobre la costa occidental de la península yucateca, son famosas por su perfección. Es asombroso que en un tamaño tan reducido (10 a 15 cm) se hayan logrado verdaderas esculturas, en las que encontramos fidelidad anatómica y expresión de vida interior, con una ejecución digna de las grandes obras de piedra o estuco (Figs. 49 y 50).

Códices

Sólo se conocen tres libros mayas que hayan sobrevivido a los siglos y al fanatismo del obispo Landa. El más hermoso y mejor conservado es el Códice de Dresde. El manuscrito es una larga tira de papel hecho con fibra vegetal y doblada en forma de biombo. La pintura se aplicaba sobre la superficie lisa de un baño de cal. El contenido de este códice es calendárico, astronómico y ritual; contiene representaciones de deidades, ceremonias religiosas, escenas mitológicas, probables horóscopos, inscripciones jeroglíficas y observaciones astronómicas, entre las cuales una tabla de eclipses solares. La página que aquí presentamos (Fig. 51) es la última de este códice, en que parece estar representado el fin del mundo por un diluvio que menciona la mitología quiché en el *Popol Vuh*.

Pintura

El descubrimiento en 1946, en lo más profundo de la selva de Chiapas, de un edificio cuyos muros interiores y bóvedas están totalmente pintados vino a revelar al mundo el grado de perfección alcanzado por la pintura mural entre los mayas. Los murales de Bonampak parecen ser uno de los escasísimos documentos históricos de los mayas, y relacionarse con un acontecimiento de gran importancia. En el primer cuarto se ve un desfile triunfal encabezado con lo que llamaríamos la banda de guerra en la que se reconocen varios instrumentos musicales: sonajas, tambor, carapachos de tortuga que se raspaban con cuerno de venado y enormes trompetas, mientras que un grupo de individuos inicia una danza (Fig. 52). Éstos llevan máscaras de animales acuáticos entre los que se reconocen el lagarto y el cangrejo. En otras escenas figuran personajes con lujosos atavíos: yelmos de cabezas de animales, enormes penachos de plumas de quetzal, pieles de tigre, capas de algodón blanco y taparrabos bordados.

En el segundo cuarto está representada una batalla o más bien, como dice Thompson, una incursión realizada por un grupo de guerreros de Bonampak contra una población vecina a la que sorprendieron indefensa. El propósito debe haber sido hacer prisioneros para el sacrificio, y aquí vemos a los guerreros de Bonampak perfectamente equipados con sus lanzas, macanas y escudos, apoderándose de hombres semidesnudos y desarmados. Plásticamente la escena está pintada con gran maestría de composición, trazo, colores, movimiento (Fig. 53).

Una de las más impresionantes escenas, por su realismo y su belleza de ejecución, es aquella del tercer cuarto en que un grupo de prisioneros yace al pie de los guerreros vencedores (Fig. 54). Algunos imploran piedad; otros contemplan con horror sus dedos mutilados de los que caen gotas de sangre. En el centro de la escena descansa el cuerpo de un prisionero muerto, en una actitud de dramática naturalidad. A sus pies vemos, sobre la hierba, una cabeza recién cortada. A un lado otro prisionero está siendo torturado. La escena demuestra que los mayas no fueron tan pacíficos como se creía y que también ellos realizaban sacrificios humanos, aunque por supuesto nunca en la forma desenfrenada en que lo hicieron los aztecas.

Los murales de Bonampak constituyen un excepcional documento para el estudio de trajes, adornos, armas, instrumentos musicales, costumbres y ceremonias; por su calidad artística se sitúan a la altura de otros murales famosos en la historia del arte universal, tal como los que adornan las tumbas egipcias y los templos budistas de las cuevas de Ajantá.

Lapidaria

El jade era para los pueblos mesoamericanos no sólo la piedra preciosa por excelencia, sino lo precioso por antonomasia. En el lenguaje familiar "mi jade" era el término de cariño más dulce y más apreciado. Con el jade procedente de las montañas de Oaxaca, Chiapas y Guatemala, los joyeros fabricaban adornos variadísimos, cuentas para collares y pulseras, orejeras, narigueras, diademas, anillos, figurillas (Figs. 70 y 71) y también magníficos mosaicos a veces formando máscaras de rasgos realistas (Fig. 72).

La cultura maya fue sin duda una de las mayores hazañas realizadas por el hombre en el continente americano. En regiones que hoy ocupan selvas casi impenetrables, montañas volcánicas, tierras pantanosas y llanos semiáridos, los mayas impusieron su dominio a la naturaleza y crearon una brillante civilización que duró más de mil años.

Las viejas ciudades sagradas están ahora abandonadas y en ruinas. Los descendientes de sus constructores se han dispersado y su sangre se ha mezclado con la del hombre blanco. La historia de los mayas, su religión, el secreto de su escritura, se han perdido casi totalmente. Sin embargo, algo de la antigua cultura ha sobrevivido en patrones de vida doméstica, en ritos y costumbres transmitidos por la tradición familiar, en técnicas agrícolas que se siguieron aplicando a través de los siglos, en creencias legendarias y en una lengua que hablan todavía dos millones de personas. Y sobre todo, el hombre maya sigue existiendo, con rasgos físicos y espirituales todavía bastante parecidos a los de sus antepasados. Para el México de hoy, los vestigios del pasado no son simples temas arqueológicos sino también motivo de orgullo nacional, de inspiración artística, de estímulo y también de esperanza en un futuro digno de los gloriosos tiempos desaparecidos.

Bibliografía

Brainerd, George

1958 The archaeological ceramics of Yucatan. *Antropological Records*, University of California Press. Berkeley and Los Angeles.

CARNEGIE INSTITUTION OF WASHINGTON

1924-1962 (Numerosos informes y monografías sobre sitios de Guatemala, Honduras Británica, Yucatán, Campeche y Quintana Roo.)

COVARRUBIAS, MIGUEL

1961 *Arte indígena de México y Centro América.* UNAM. México.

HOLMES, WILLIAM

1895-1897 *Archaeological Studies among the Ancient Cities of Mexico.* Field Columbian Museum. Chicago.

MARQUINA, IGNACIO

1951 *Arquitectura prehispánica.* Memoria 1, INAH. México.

MAUDSLAY, ALFRED

1889-1902 *Biología Centrali Americana.* Londres.

PEABODY MUSEUM OF AMERICAN ARCHAEOLOGY & ETHNOLOGY

1896-1961 (Monografías sobre Yaxchilán, Tikal y otros sitios de Guatemala, Chiapas y Yucatán.) Harvard University. Cambridge.

ROBINA, RICARDO

1956 *Estudio preliminar de las ruinas de Hochob, Municipio de Hopelchen, Campeche.* México.

RUZ LHUILLIER, ALBERTO

1945 Campeche en la arqueología maya. *Acta Anthropologica* vol. I, núms. 2-3. México.

1950 Universalidad, singularidad y pluralidad del arte maya. *México en el Arte*, núm. 9 INBA. México.

SMITH, ROBERT E.

1955 Ceramic sequences at Uaxactun, Guatemala. *Middle American Research Institute.* Tulane University. Nueva Orleans.

SPINDEN, HERBERT J.

1913 *A Study of Maya Art.* Peabody Museum of American Archaeology and Ethnology. Memoir 6. Cambridge.

TOSCANO, SALVADOR

1952 *Arte precolombino de México y de América Central*, 2a. edición. UNAM. México.

UNIVERSITY MUSEUM, UNIVERSITY OF PENNSYLVANIA
1943-1961 (Informes y monografías sobre Piedras Negras y Tikal.)

VILLAGRA, AGUSTÍN
1949 *Bonampak*. INAH. México.

WESTHEIM, PAUL
1950 *Arte antiguo de México*. Fondo de Cultura Económica. México.

IV. PALENQUE Y SU TUMBA REAL

La edificación de Palenque, una de las más importantes ciudades de los mayas, revela un extraordinario esfuerzo civilizador. Este centro ceremonial se encuentra situado en la vertiente septentrional de la sierra de Chiapas, a poca altura encima del nivel de la llanura pantanosa y boscosa que se extiende hasta la costa de Tabasco. El poblamiento del sitio debe haber comenzado hacia el siglo IV de nuestra era, pero el desmonte de la serranía y del llano, el establecimiento de una densa población agrícola y la construcción de los edificios, necesitaron varias generaciones; el apogeo de la ciudad data del siglo VII, cuando florecían también los grandes centros de Yaxchilán, Piedras Negras, Quiriguá, Copán y muchos más. Los caudillos que escogieron el sitio tuvieron en cuenta que estaría protegido atrás por una sierra escarpada, que sus monumentos serían visibles a largas distancias desde la planicie, que estaría provisto de agua pura inagotable procedente de numerosos arroyos, que quedaría cerca de las milpas, rodeado de bosques ricos en maderas duras para las construcciones, lianas y palmas para los techos de las chozas, jugosas frutas silvestres, resina para los ritos, animales comestibles o que proporcionarían sus pieles o sus plumas para trajes y adornos.

La ciudad sagrada de Palenque forma un amplio anfiteatro que comprende desde la cima de los primeros cerros hasta los linderos de la llanura, ocupando los principales grupos de edificios una explanada natural limitada al Norte por un acantilado. Las construcciones se adaptaban al relieve accidentado o lo transformaban mediante terrazas cuando era necesario; algunas pirámides se apoyan sobre los contrafuertes de los cerros o aprovechan sus descansos naturales o su cumbre. Es posible también que las observaciones astronómicas rigieran la posición de algunos edificios. Quizá sea aún más notable la adaptación de la arquitectura a los rigores del clima sumamente cálido y húmedo: altas plataformas o pirámides, pórticos, patios interiores, elevadas bóvedas, techos inclinados, cornisas muy salientes, ventilación asegurada por numerosas aberturas.

La precipitación pluvial de la región es la mayor de México, lo que justifica la tremenda exuberancia de su vegetación en la que abundan los árboles de caoba, cedro y zapote. Es frecuente que los ríos Usumacinta y Grijalva se desborden en la estación de lluvia, inundando el llano. Numerosos arroyos descienden de las cimas en hondas cañadas y formando caprichosas cascadas. Para resolver el problema de la crecida de los arroyos que inundaban la ciudad sagrada aislando algunos de sus monumentos, los palencanos construyeron puentes de piedras y canalizaron el más importante de los arroyos, el Otolum, por medio de un acueducto en parte abierto, y techado con bóveda en una larga extensión. Este canal subterráneo es impresionante por su solidez, con sus muros hechos de enormes bloques de piedra, verdadera obra ciclópea (Fig. 55).

Los templos más típicos de Palenque son los llamados templos del Sol, de la Cruz y de la Cruz Foliada, todos ellos construidos sobre un mismo modelo y sobre una misma terraza, elevación natural pero artificialmente nivelada (Fig. 56). La pirámide que sostiene a cada uno puede ser pequeña como en el Templo del Sol, o muy alta como en el de la Cruz, pero los templos propiamente dichos son casi idénticos. Son edificios pequeños, compuestos de un pórtico con tres entradas y atrás un cuarto central y dos laterales. En el cuarto central se construyó un santuario techado que encierra un magnífico tablero esculpido cuyo motivo ha dado el nombre a cada templo. El tablero del Sol representa una escena de ofrenda a la deidad simbolizada por un escudo y lanzas; en el tablero de la Cruz la ofrenda está destinada al motivo cruciforme que hemos identificado como la planta del maíz, motivo que en el tablero de la Cruz Foliada está provisto de largas hojas semejantes a las del maíz. Inscripciones jeroglíficas acompañan a estos bajorrelieves cuyas fechas corresponden a los siglos VI y VII de nuestra era.

El edificio más llamativo es el Palacio, cuyo aspecto general nos recuerda un monasterio con sus claustros circundando patios interiores. Forma un conjunto de galerías y cuartos que cubren una plataforma de cien metros de largo por ochenta de ancho. Una torre cuadrada, única en su género, y que parece campanario, fue probablemente observatorio astronómico y atalaya (Fig. 3). Además de haber sido posiblemente residencia de los señores principales, fue sin duda escenario de grandes ceremonias religiosas. En una época tardía sus galerías fueron divididas en cuartos, mientras que otros aposentos se constituyeron en los patios, perdiendo el conjunto su grandiosidad inicial. Otras galerías actualmente llamadas "los Subterráneos" están situadas en un nivel inferior y comunican con el resto del Palacio por escaleras interiores; en esas galerías estuvieron quizá las celdas de los sacerdotes.

El Palacio, como los demás edificios, estuvo profusamente adornado exterior e interiormente. Los basamentos de la plataforma, las alfardas de la escalera, los muros interiores de las galerías, los pilares, los frisos y las cresterías, todo estaba cubierto por bajorrelieves de piedra y sobre todo de estuco, con representaciones de deidades (convencionales o humanizadas), escenas rituales, símbolos religiosos, inscripciones jeroglíficas. Pinturas murales, hoy casi totalmente desaparecidas, completaban la ornamentación. Son notables en el arte palencano la maestría y la belleza de las esculturas. Aunque las figuras simbolicen conceptos mitológicos, matemáticos o astronómicos, siempre presentan un profundo sentido humano que generalmente falta en el arte precolombino. El artista palencano sintió hondamente la naturaleza, la observó, la interpretó y la reprodujo con delicado talento, con sobria elegancia y con un dominio absoluto de la técnica, pese a lo rudimentario de su herramienta.

Una de las mejores manifestaciones de la escultura palencana es el gran tablero que descubrimos en 1949 y que estuvo originalmente en la galería septentrional del Palacio, hoy totalmente derrumbada. Una escena de ofrenda encabeza ese tablero (Fig. 27). Una inscripción de doscientos sesenta y dos jeroglíficos acompaña dicha escena y comprende una serie de fechas que corresponden al siglo VII. En la primera de esas fechas, se empleó un tipo de escritura que escasas veces utilizaron los mayas, probablemente para registrar acontecimientos de la mayor trascendencia. Con ese sistema, que llamamos "glifos de cuerpo entero", en lugar de representar los numerales por barras (con el valor de cinco) y puntos (con el valor de la unidad), o bien por caras convencionales, en este caso el numeral es un hombre que abraza a un animal fantástico, el cual representa un período cronológico definido (baktun, katun, tun, uinal, kin). La extraña pareja expresa un concepto científico de absoluta exactitud, y al mismo tiempo forma una unidad plástica perfectamente equilibrada, reflejando además la íntima compenetración del maya con el valor cósmico del tiempo (Fig. 57).

Otro tablero, descubierto en 1950 en un grupo de edificios situado a unos 300 m al noroeste del Templo de las Inscripciones, representa la misma escena de ofrenda del tablero del Palacio, pero el personaje principal está sentado sobre dos probables esclavos (de allí el nombre de "Tablero de los Esclavos" que pusimos a la lápida). Llaman la atención la sobriedad y el realismo con que fueron reproducidas las figuras humanas, la seguridad del trazo y la delicadeza del relieve (Fig. 58).

Es natural que el artista palencano haya encontrado en el estuco (mezcla de cal) un material más adecuado aun por su ductilidad que la piedra para expresar la delicadeza de su sensibilidad. Palenque es indudablemente el sitio en que el relieve de estuco alcanzó su perfección. Son conocidos desde el descubrimiento de la ciudad, a mediados del siglo XVIII, los bajorrelieves de estuco que adornaban muros, pilares, frisos y cresterías, los que sólo parcialmente han resistido la inclemencia de la intemperie y la codicia de algunos visitantes. Casi todos representan a dos personajes, de los cuales uno generalmente sentado o arrodillado rinde homenaje a un sacerdote. En algunos casos se trata de un sacrificio, pero las manifestaciones de violencia son raras en el arte palencano. En otros casos el sacerdote parece esbozar una danza ritual, en una actitud elegante y flexible (Fig. 29). En las inscripciones jeroglíficas se mezclan los signos y figuras convencionales con representaciones humanas de mucho realismo.

En el escombro del Palacio hallamos magníficas piezas de estuco que formaron parte de la decoración de los edificios. Entre ellas abundan las máscaras o caras humanas o de deidades de rasgos convencionales o realistas; zoomorfas, antropomorfas o híbridas, siempre impresionantes en su perfección técnica y fuerza expresiva. Es frecuente la representación de la deidad solar, lo que es normal en civilizaciones basadas sobre la agricultura y para las que el sol, la lluvia y la tierra son elementos vitales. El sol aparece a veces con rasgos combinados, humanos y animales, provisto de grandes ojos bizcos. También es frecuente que el sol muestre un solo diente por ser un dios viejo, y que este diente esté limado en forma del signo "Ik", símbolo entre los mayas no sólo del aire, sino del espíritu creador. El sol puede ser representado como jaguar, ya que al atardecer desaparece en el mundo subterráneo y vive oculto en las tinieblas como el felino. También puede figurarse como mono, por ser dios de la alegría, de la música, de la sensualidad y de la procreación. Pero sus mejores expresiones son las de austeros sacerdotes en cuyos vigorosos rasgos se plasmó la fuerza interior, el poder de la deidad y de la clase sacerdotal que la representaba sobre la tierra (Fig. 59).

Uno de los templos más imponentes de Palenque, por sus dimensiones y por su situación, es el llamado Templo de las Inscripciones o de las Leyes. Se destaca en forma espectacular sobre el fondo de la selva, adosado a un cerro, con los ocho cuerpos escalonados de su pirámide y su angosta y empinada escalera que conduce a la plataforma superior a más de veinte metros sobre el nivel de la plaza (Fig. 60). Su nombre se debe a la existencia de grandes tableros esculpidos que contienen una de las más largas inscripciones jeroglíficas de los mayas (620 jeroglíficos) en la que se descifraron numerosas fechas que registran la sucesión de los "katunes" (período de 20 años) durante cerca de doscientos años. La voz popular transformó en "leyes" el contenido de esa inscripción.

Inicié la exploración de este templo en 1949 con el propósito de tratar de localizar debajo del templo visible algún otro más antiguo, como es frecuente encontrar en los edificios del antiguo México. El templo descansa sobre un basamento que lo sitúa a más de veintitrés metros de altura; comprende un pórtico con cinco entradas y en la crujía posterior un cuarto central y dos laterales. Al escogerlo para la búsqueda de una posible estructura interior, no solamente tuve en cuenta sus dimensiones y la importancia de sus bajorrelieves, sino también el hecho de no haber sido nunca explorado y que su piso, en lugar de ser un simple aplanado de estuco como en los demás edificios, se componía de grandes losas bien talladas y ajustadas, lo que garantizaba más o menos su inviolabilidad. En el cuarto central una de esas losas llamaba la atención por presentar una doble fila de perforaciones, cada una de éstas provista de un tapón de piedra. Al investigar la posible función de la lápida, observé que los muros del templo se prolongaban debajo del piso, prueba evidente de que alguna construcción existía más abajo. En efecto, al excavar se encontró a poca profundidad una piedra que servía de cierre a una bóveda, y más abajo un peldaño, luego otro, y otros más: habíamos descubierto una escalera interior cuya tapa era precisamente la lápida perforada que formaba parte del piso.

Esta escalera tenía sus muros y bóveda perfectamente conservados, pero se encontraba totalmente rellena de gruesas piedras y tierra, material intencionalmente colocado para obstruirla. Necesitamos cuatro temporadas de trabajo, a razón de dos meses y medio cada una, para vaciarla, en una labor monótona que la falta de aire hizo penosa durante largo tiempo (Fig. 61). Después de un tramo de cuarenta y cinco peldaños se llega a un descanso que da vuelta en forma de "U", al que sigue otro tramo de veintiún escalones que conduce a un corredor cuyo nivel es más o menos el de la plaza, es decir, unos veintidós metros debajo del piso del templo. Al principio de la escalera encontramos una ofrenda (dos orejeras de jade); otra ofrenda más importante apareció al final de la escalera, en una caja de mampostería adosada a un muro que cerraba el corredor. Esta última ofrenda comprendía platos de barro, cuentas y orejeras de jade, conchas llenas de pintura roja y una hermosa perla de 13 mm de largo.

Detrás del muro seguía un macizo también hecho con piedras y cal, muy resistente, que tuvimos que demoler. Finalmente nos encontramos al término del corredor con una gran losa triangular colocada verticalmente para cerrar una entrada (Fig. 62). Al pie de la losa, en un sepulcro rudimentario, yacían los huesos muy mezclados y destruidos de probablemente seis jóvenes, entre los cuales por lo menos una mujer. La frente deformada artificialmente y las huellas de incrustaciones dentarias sugieren que se trataba de gente noble y no de esclavos. Ninguna ofrenda acompañaba los restos humanos, pero su presencia a la entrada de un local sellado anunciaba algo de suma importancia. El 15 de junio de 1952 hicimos girar la losa y pudimos penetrar en el misterioso recinto que veníamos buscando con tanto afán desde 1949.

El instante en que pasé el umbral fue naturalmente de una emoción indescriptible. Me encontraba en una espaciosa cripta que parecía tallada en el hielo porque sus muros estaban cubiertos de una brillante capa calcárea y numerosas estalactitas colgaban de la bóveda como cortinas, mientras que gruesas estalagmitas evocaban enormes cirios (Fig. 63). Estas formaciones calcáreas se debían a la filtración del agua de las lluvias a través de la pirámide durante más de mil años. La cripta mide cerca de nueve metros de largo por cuatro de ancho, y su bóveda se alza hasta cerca de siete metros de altura, reforzada por enormes vigas de piedra pulida negra con vetas amarillas, que parecen de madera. La cámara se construyó en forma tan perfecta que los siglos no afectaron en lo más mínimo su estabilidad, a pesar de que también sostiene el peso de la pirámide y del templo. Las piedras de los muros y de la bóveda fueron talladas y ajustadas con el mayor cuidado, por lo que ninguna se ha movido de su sitio original. Para la mejor distribución de la carga que sostiene, la bóveda se completa con dos secciones de bóveda transversales que forman especies de cruceros.

Sobre los muros, grandes figuras de personajes modelados en estuco parecen montar guardia (Fig. 64). Son nueve sacerdotes realizados a tamaño un poco mayor que el natural. Seis de ellos están de pie y los otros tres sentados. Todos llevan más o menos el mismo atavío: tocado provisto de un pico de ave, largas plumas de quetzal y máscara humana; capa de plumas y plaquitas de jade; faldita o paño de cadera atado por un cinturón adornado de tres cabecitas humanas; sandalias amarradas por tiras de cuero. Las joyas son también casi idénticas: orejeras, collar, pectoral, pulseras y un objeto rectangular alrededor de la boca. Todos ostentan también los mismos atributos jerárquicos o rituales: el "cetro-maniquí" de mango serpentiforme y mascarón del dios de la lluvia, y el escudo circular con los rasgos del dios solar. Algunos de estos estupendos relieves de estuco se han conservado en buen estado, pero los demás están parcialmente destruidos por la tremenda humedad de la cripta. Es probable que estos sacerdotes representen a los nueve señores de las tinieblas, guardianes de los nueve mundos inferiores en la mitología maya.

Al entrar en la cripta encontramos en el suelo, debajo de un colosal monumento del que hablaremos después, varias vasijas de barro depositadas como ofrenda y dos hermosas cabezas de estuco que proceden probablemente de esculturas completas que adornaban algún templo. El haber sido arrancadas de los cuerpos y dejadas como ofrenda en la cripta significa quizá la simulación de un sacrificio humano por decapitación que parece haber existido entre los mayas en asociación con el culto del maíz. Estas cabezas son de las mejores realizaciones en estuco que debemos a los artistas palencanos (Figs. 65 y 66). Están ejecutadas con fiel realismo, perfección técnica y delicada sensibilidad. Es obvio que el artista no sólo pensó en reproducir lo más exactamente posible los rasgos de un sacerdote determinado, sino que quiso también expresar la austeridad, la fuerza interior, el espíritu de la casta sacerdotal.

Lo más sorprendente de la cripta es indudablemente el enorme monumento que ocupa la mayor parte de su espacio. Lo primero que se ve es una lápida horizontal que mide 3.80 m por 2.20 m y que está esculpida en sus lados y en su cara superior (Fig. 63). La lápida descansaba sobre un bloque monolítico de unos tres metros de largo por 2.10 m de ancho, y cuyo espesor es de 1.10 m, bloque cuyos lados también están esculpidos (Fig. 67). Finalmente, el conjunto estaba sostenido por seis soportes monolíticos, de los cuales cuatro esculpidos. El peso aproximado de este monumento es de unas veinte toneladas. Era evidente que la cripta y la escalera interior que la une con el templo habían sido construidas precisamente para encerrar dicho monumento. Nuestra primera impresión fue que podía tratarse de un altar ceremonial, conservado en ese lugar secreto, lejos de la mirada del público, por alguna razón del culto. Dijimos entonces que a reserva de que la continuación de la exploración no suministrara nuevos datos, la cripta debía ser el santuario más sagrado de los palencanos.

Al expresar esta reserva, tenía en cuenta que para ser un altar era preciso que el monolito que sostenía a la lápida fuese macizo y que su función fuese la de un simple basamento; pero existía la posibilidad de que estuviese hueco, en cuyo caso el monumento no sería un altar. Levantar la lápida, que pesa como unas cinco toneladas y que por sus magníficos bajorrelieves constituye una de las obras maestras del arte maya, ofrecía ciertas dificultades y peligros. La principal dificultad era la de espacio para el uso de maquinaria y la imposibilidad de llevar tal maquinaria hasta la cripta; el mayor peligro era dañar la lápida. Quise entonces cerciorarme primero, sin alzar la lápida, de si el bloque era o no macizo. Para eso hice taladrar el bloque en sitios no esculpidos, horizontalmente y en dirección al centro de la piedra. El primer sondeo no dio resultado porque el trabajador fue inclinando imperceptiblemente su taladro, y llegó hasta el centro sin encontrar más que la piedra. En otro sondeo, la barreta llegó un día a un hueco, y un alambre que introdujimos por el agujero mostraba, al ser retirado, huellas de pintura roja adherida.

Después del instante en que descubrí la cripta, éste en que comprobé que el supuesto basamento del hipotético altar tenía una cavidad fue otro instante de enorme emoción. Podría tratarse de una gigantesca caja de ofrenda, pero el tamaño y la forma del monumento, así como la presencia de pintura roja, anunciaban otra cosa. Este color está asociado en la cosmogonía maya y azteca con el Este y además aparece casi siempre en las tumbas, sobre los muros, objetos de la ofrenda funeraria, o sobre los restos humanos. El Este es la región en donde cada día vuelve a nacer el sol después de su muerte diaria en el Oeste; el Este es en consecuencia lugar de resurrección, y el rojo que lo simboliza ponía en las tumbas un presagio de inmortalidad. Era pues indispensable ahora levantar la lápida sin pensar más en dificultades y peligros. Por medio de gatos de camión colocados debajo de las esquinas de la lápida encima de los troncos de árbol, levantamos ésta. La introducción de los troncos en la cripta, su debida colocación y la delicada maniobra de alzar la lápida duraron veinticuatro horas consecutivas que pasé sin salir de la cripta, de las seis de la mañana del 27 de noviembre de 1952 hasta la misma hora del día 28.

En cuanto la lápida empezó a ascender, pudo apreciarse que existía debajo, tallada en el enorme bloque que la sostenía, una extraña cavidad. Ésta era de forma oblonga y curvilínea, con salientes circulares laterales en uno de sus extremos, recordando a la letra "omega" mayúscula, pero cerrada en la base.* Una losa muy pulida la sellaba, exactamente adaptada a su forma; dicha losa tiene cuatro perforaciones que cierran tapones de piedra (Figs. 67 y 68). Desde que hubo suficiente espacio me deslicé debajo de la lápida, levanté uno de los tapones, proyectando por otro la luz de una linterna eléctrica. A pocos centímetros brotó a mi vista una calavera humana cubierta de piezas de jade.

Pasando unas cuerdas por los agujeros retiramos la losa en una maniobra parecida a la que realizaron los sacerdotes para colocarla. El receptáculo mortuorio apareció con su impresionante contenido, rodeado de un vivo color bermellón, ya que las paredes y el fondo de la cavidad que sirve de ataúd están cubiertas con cinabrio. El es-

* Tanto el Dr. Franz Termer como el autor consideramos muy factible que el propósito de dar a la cavidad una forma tan peculiar fue de representar estilizadamente al útero. La inhumación en tal cavidad sería un retorno a la madre, por asociación entre los conceptos madre y tierra, fuentes de la vida.

queleto yacía en forma normal, brazos y piernas extendidos, cara hacia arriba y los pies ligeramente abiertos (Fig. 69). El estado de los huesos era deleznable debido a la humedad, pero ocupaban su lugar normal. Pudo determinarse que se trataba de un hombre de 40 a 50 años, de alta estatura (el esqueleto medía 1.73 m), robusto y bien proporcionado, sin lesiones patológicas aparentes. El estado de destrucción en que se encontró el cráneo impidió que se pudiera precisar si estuvo o no deformado artificialmente como era costumbre entre los mayas de la nobleza y el sacerdocio; no presentaba las mutilaciones dentarias que también eran usuales entre los señores.

Sobre el fondo rojo del ataúd y de los huesos que el cinabrio cubría, el verde brillante del jade resaltaba. El personaje había sido enterrado con todas sus joyas de jade; en la boca llevaba una hermosa cuenta como moneda para adquirir alimentos en el otro mundo. Sobre la frente tenía una diadema hecha con pequeños discos de la que probablemente colgaba una plaquita tallada en forma del dios murciélago; pequeños tubos servían para dividir la cabellera en mechones separados. En ambos lados de la cabeza yacían orejeras compuestas de varias piezas.

Alrededor del cuello se veían varias filas de cuentas multiformes y sobre las costillas un ancho pectoral de cuentas tubulares. En cada brazo recogimos una pulsera de doscientas cuentitas, y en cada dedo de ambas manos un grueso anillo también de jade. En la mano derecha sujetaba una gruesa cuenta de forma cúbica y en la izquierda una esférica. Otras cuentas estaban cerca de los pies, así como una magnífica figurilla de jade, probable divinidad solar (Fig. 70). Otra figurilla estuvo cosida sobre el taparrabo (Fig. 71).

Al encontrar estas joyas *in situ* se pudieron reconstruir algunas de ellas. Comparando los diferentes elementos de las orejeras con la representación de tales adornos en los bajorrelieves, se comprendió la forma en que dichos elementos se combinaban para semejar un conjunto floral al que servía de contrapeso una perla gigantesca, o más bien una magnífica imitación obtenida mediante la ingeniosa unión de dos fragmentos de madreperla. El pectoral de cuentas tubulares pudo ser reconstruido: se compone de nueve filas concéntricas con veintiún cuentas en cada una. En el momento de ser enterrado el personaje, llevaba puesta una máscara formada por un mosaico de jade. Es probable que durante la inhumación, la máscara se deshiciera por frágil, ya que los fragmentos estaban adheridos sobre una ligera capa de estuco aplicada sobre la cara. Encontramos algunos fragmentos adheridos sobre la cara y el resto casi todo formado al lado izquierdo de la cabeza. Con las fotografías y los dibujos que se hicieron durante la exploración, se pudo reconstruir la máscara que debe reproducir más o menos fielmente los rasgos del personaje (Fig. 72).

Volviendo al enorme sepulcro, hablaremos ahora de sus bajorrelieves. La lápida de ocho metros cuadrados que lo cubre está esculpida, como ya dijimos, en sus cuatro lados y en su cara superior. En los lados figura una inscripción jeroglífica en la que desciframos trece fechas abreviadas imposibles de situar con exactitud en el calendario maya, pero que probablemente corresponden a mediados del siglo VII de nuestra era. La escena representada sobre la lápida contiene elementos que conocemos de otros relieves y de los códices mayas (Fig. 63). Abajo aparece un mascarón que se caracteriza por sus rasgos que evocan a la muerte: mandíbula y nariz descarnada, colmillos y grandes ojos. Es la representación convencional, parecida entre los mayas, los toltecas y los aztecas, del monstruo de la tierra. La deidad de la tierra era para esos pueblos un monstruoso animal —especie de lagarto— que se alimentaba de los seres, ya que todos al morir regresan a la tierra.

Encima del mascarón del monstruo de la tierra se encuentra sentado un hombre joven, enjoyado, en una actitud de descanso como si estuviese echándose o cayéndose hacia atrás. Su cuerpo reposa directamente sobre varios objetos, de los cuales dos son símbolos asociados a la muerte (la concha y un signo parecido a nuestro "por ciento"), mientras que los otros dos, al contrario, evocan la germinación y la vida (el grano del maíz y una flor o quizá mazorca también del maíz) (Fig. 73). Si se tratara de una tumba del Renacimiento europeo, diríamos que la figura allí esculpida representa al personaje enterrado, pero en un arte impregnado de esencia religiosa es más factible que se trate de un símbolo, quizá el Hombre en general, es decir, la Humanidad, o quizá también el dios del maíz, ya que es frecuente su representación bajo el aspecto de un hombre joven.

Encima de la figura humana se alza un motivo cruciforme idéntico al del famoso tablero del Templo de la Cruz. En algunas otras representaciones mayas este elemento semeja un árbol, el árbol de la vida, pero en otras es sin duda la estilización de una planta de maíz, como lo comprueba el tablero de la Cruz Foliada con sus largas hojas de maíz. Sobre los brazos de la cruz ondula una serpiente de dos cabezas, de cuyas fauces brota un pequeño ser con máscara del dios de la lluvia. La serpiente está asociada en la mitología maya al cielo y más precisamente a la lluvia; las nubes se deslizan silenciosamente como serpientes, y el rayo es una serpiente de fuego. En la parte superior de la cruz hay un pájaro quetzal, ave sagrada símbolo del cielo, cuyas largas plumas servían para los tocados de los señores; aquí lleva la máscara del dios de la lluvia, y debajo de él se ven signos que simbolizan al agua, así como dos escudos que deben representar la cara convencional del sol.

El enorme bloque de piedra de unos siete metros cúbicos que sirve de sarcófago presenta en sus lados hermosos bajorrelieves (Fig. 67) que encontramos tapados por contrafuertes adosados al monumento para asegurar su indestructibilidad. Esperábamos que al retirar esos contrafuertes descubriríamos escenas de la vida del personaje enterrado que nos ayudaran a identificarlo como sacerdote, sabio, príncipe o guerrero. Pero de nuevo comprobamos que el arte maya carece generalmente de contenido histórico y que su temática es casi exclusivamente religiosa. El motivo que se repite alrededor del sarcófago es una serie de individuos ricamente ataviados que surgen de una faja inferior que lleva un signo conocido como símbolo de la tierra. Junto con cada uno de esos individuos brota también una planta cuyas ramas y hojas esquematizadas se entremezclan con las largas plumas de los tocados, pero cuyas frutas varían y parecen identificarse como las del cacao, aguacate, chicozapote, mamey, guayaba y los racimos de una palma llamada coyol (Fig. 74).

La significación de los diferentes elementos que entran en la decoración del mausoleo nos conduce a una interpretación del conjunto en armonía con la función sepulcral del monumento. El personaje joven que descansa sobre el mascarón del monstruo de la tierra debe ser al mismo tiempo el hombre destinado a volver un día a la tierra y el maíz cuyo grano debe enterrarse para que germine. El motivo cruciforme sobre el que el hombre concentra fervorosamente la mirada es el maíz nuevo que, con la ayuda del hombre y de los elementos naturales, resurge de la tierra para servir nuevamente de alimento a la humanidad. A la idea de resurrección del maíz se asociaría para los mayas la propia resurrección del hombre, y el marco de signos astronómicos que rodea la escena, símbolo del cielo eterno, daría un sentido cósmico al perpetuo nacer, vivir, morir y renacer de los seres sobre la tierra.

Es de suponerse que el personaje enterrado fue el mismo que ideó y mandó construir el gigantesco mausoleo. Después de su inhumación, una vez sellado el sarcófago y cubierto con la lápida esculpida, los sacerdotes echaron sobre ésta algunos tributos que no habían sido depositados con el cuerpo: el cinturón adornado con tres mascaritas de jade y nueve pendientes de pizarra en forma de hachuelas, el escudo con la figura del dios solar y probablemente el cetro con la máscara del dios de la lluvia; de todos estos objetos hechos en mosaico de jade, hallamos los fragmentos dispersos sobre la lápida y empezamos a reconstruirlos. Luego fue cerrada la cripta y sacrificados seis jóvenes probablemente hijos de nobles para que acompañaran al príncipe en el otro mundo; finalmente, rellenaron la escalera hasta el piso del templo, depositando en ella varias ofrendas. Pero si materialmente quedaba para siempre clausurado el acceso a la tumba, espiritualmente quedaba un lazo: del sarcófago hasta el umbral ondulaba una serpiente de cal, la que se transformaba en un conducto hueco, especie de moldura que sigue los peldaños de la escalera hasta la losa que la cerraba en el piso del templo, medio mágico para seguir en contacto con el ilustre difunto, probable príncipe y sacerdote deificado.

El descubrimiento de la Tumba Real en el Templo de las Inscripciones causó sensación por varios motivos: singular ubicación debajo de la pirámide, comunicación con el templo, notables dimensiones, solidez y perfecto acabado de la construcción, extraordinarios relieves de estuco, colosal sepulcro cubierto de relieves simbólicos y cronológicos de magnífica factura y enorme importancia, entierro de un personaje de alto rango con todas sus joyas. Este hallazgo demostraba que la pirámide americana no era forzosa y exclusivamente un basamento macizo para sostener al templo, como se consideraba hasta entonces, en oposición a la pirámide egipcia. Revelaba también una similitud de actitud psicológica hacia la muerte, entre el faraón y el "halach-uinic" palencano, y un paralelismo cultural ya que la construcción de tales monumentos implicaba tanto para los egipcios como para los mayas un fantástico derroche de esfuerzos colectivos para beneficio de un ser privilegiado, lo que a su vez significaba una estructura económica desarrollada, un cuerpo social diferenciado y jerarquizado, un poder político centralizado en una teocracia que regía en forma absoluta lo temporal y lo espiritual. También significaba un serio adelanto en la técnica de la construcción, en las artes, particularmente la escultura, y en las ciencias astronómicas y matemáticas. Reflejaba además creencias religiosas bastante afines, en las que reinaba una poderosa fe en la esencia divina del rey-sacerdote y en su poder de interceder cerca de los dioses en beneficio de la humanidad, principalmente para asegurar la perpetuación de los hombres mediante su propia inmortalidad.

Esas creencias, propias de los pueblos agrícolas, se caracterizan por la deificación de las fuerzas naturales y su veneración para garantizar la supervivencia del hombre. De la misma manera que Osiris, espíritu del trigo y de la vegetación, volvía a nacer cada año gracias al Nilo que fertilizaba el suelo en que sus miembros habían sido enterrados, para los mayas el joven dios del maíz resucitaba en cada cosecha, gracias al sol y la lluvia. En ambos casos el ciclo vital de la planta básica de la alimentación, interpretado como pasión y resurrección de la deidad, representaría para los hombres un ejemplo y una promesa de inmortalidad, y con mayor razón para los mayas, ya que según su libro sagrado, el *Popol Vuh*: "de maíz amarillo y de maíz blanco se hizo su carne (del hombre); de masa de maíz se hicieron los brazos y las piernas del hombre. Únicamente masa de maíz entró en la carne de nuestros primeros padres, los cuatro hombres que fueron creados."

Tal paralelismo no representa por supuesto, a nuestro juicio, ningún contacto cultural entre Egipto y América, cuyas civilizaciones estuvieron separadas por infranqueables barreras en el espacio y el tiempo. Pensamos más bien en la facultad universal del hombre para crear en sitios y épocas diferentes parecidas herramientas, vasijas y habitaciones; análogas estructuras sociales, creencias religiosas y formas artísticas, dentro de una casi infinita posibilidad de diversificación.

Bibliografía

BERLIN, HEINRICH

1942 Un templo olvidado en Palenque. *Rev. Mex. Est. Antrop.* tomo VI, núms. 1-2. México.

1951 La inscripción del Templo de las Leyes en Palenque. *Anales Soc. Geografía e Historia*, tomo XXV. Guatemala.

1959 Glifos nominales en el sarcófago de Palenque. *Humanidades*, vol. II, núm. 10. Universidad de San Carlos, Guatemala.

BLOM, FRANS & LAFARGE, OLIVER

1926-1927 *Tribes and Temples*. Tulane University. Nueva Orleans.

CASTAÑEDA PAGANINI, RICARDO

1946 *Las ruinas de Palenque. Su descubrimiento y primeras exploraciones en el siglo XVIII*. Guatemala.

CHARNAY, DÉSIRÉ

1885 *Les Anciennes Villes du Nouveau Monde*. París.

DUPAIX, GUILLERMO

1831 The Monuments of New Spain. *Antiquities of Mexico*. Edición Kingsborough, vol. VI. Londres.

HOLMES, WILLIAM

1895-1897 *Archaeological Studies among the Ancient Cities of Mexico*. Field Columbian Museum. Chicago.

MARQUINA, IGNACIO
1951 *Arquitectura prehispánica*. Memoria 1. INAH. México.

MAUDSLAY, ALFRED
1889-1902 *Biología Centrali Americana*, vol. IV. Londres.

PALACIOS, ENRIQUE JUAN
1936 Inscripción recientemente descubierta en Palenque. *Anales Soc. Geografía e Historia*, tomo XVII-2. Guatemala.

1937 Más gemas del arte maya en Palenque. *Anales del Mus. Nac. de Arq., Hist. y Etn.*, 5ª época, vol. 2. México.

RANDS, ROBERT & BARBARA
1957 The ceramic position of Palenque, Chiapas. *American Antiquity*, vol. 23, núm. 2. Salt Lake City.

1959 The Incensario Complex of Palenque, Chiapas. *American Antiquity*, vol. 25, núm. 2. Salt Lake City.

RUZ LHUILLIER, ALBERTO
1952 Cámara secreta del Templo de las Inscripciones. *Tlatoani*, tomo I, núms. 3-4. México.

1952 Estudio de la cripta del Templo de las Inscripciones. *Tlatoani*, tomo I, núms. 5-6. México.

1952 Investigaciones arqueológicas en Palenque. *Cuadernos Americanos*, vol. VI. México.

1952-1962 Exploraciones en Palenque: 1949-1958. *Anales del INAH*, vols. IV-32; V-33; VI-34; X-39; XIV-43. México.

1954 La Pirámide-Tumba de Palenque. *Cuadernos Americanos*, vol. II. México.

1959 *Guía Oficial de Palenque*. INAH. México.

SPINDEN, HERBERT J.
1924 The Reduction of Mayan Dates. *Papers Peabody Museum of American Archaeology and Ethnology*, vol. VI, núm. 4. Harvard University. Cambridge.

STEPHENS, JOHN
1949 *Incidents of Travel in Central America, Chiapas and Yucatan*. Rutgers University Press. New Brunswick.

THOMPSON, EDWARD
1896 Ancient Tombs of Palenque. *American Antiquarian Society*, vol. X. Boston.

THOMPSON, J. ERIC
1952 La inscripción jeroglífica del Tablero de El Palacio, Palenque. *Anales del INAH*, tomo IV, núm. 32. México.

WALDECK, FRÉDÉRICK DE
1886 *Monuments anciens du Mexique. Palenque et autres ruines de l'ancienne civilisation du Mexique.*. París.

ÍNDICE

Este libro se terminó de imprimir y encuadernar en el mes de mayo de 2000 en Impresora y Encuadernadora Progreso, S. A. de C. V. (IEPSA), Calz. de San Lorenzo, 244; 09830 México, D. F. Se tiraron 1 000 ejemplares.

Colecciones del FCE

Economía

Sociología

Historia

Filosofía

Antropología

Política y Derecho

Tierra Firme

Psicología, Psiquiatría y Psicoanálisis

Ciencia y Tecnología

Lengua y Estudios Literarios

La Gaceta del FCE

Letras Mexicanas

Breviarios

Colección Popular

Arte Universal

Tezontle

Clásicos de la Historia de México

La Industria Paraestatal en México

Colección Puebla

Educación

Administración Pública

Cuadernos de La Gaceta

Río de Luz

La Ciencia desde México

Biblioteca de la Salud

Entre la Guerra y la Paz

Lecturas de El Trimestre Económico

Coediciones

Archivo del Fondo

Monografías Especializadas

Claves

A la Orilla del Viento

Diánoia

Biblioteca Americana

Vida y Pensamiento de México

Biblioteca Joven

Revistas Literarias Mexicanas Modernas

El Trimestre Económico

Nueva Cultura Económica

Guide of Chichen-Itza

JAVIER C. DZIB PUC

CALLE 14 #50.

PISTE, YUCATAN, MEXICO.

C.P. 97751

phone

985-85-10040

Areacode.